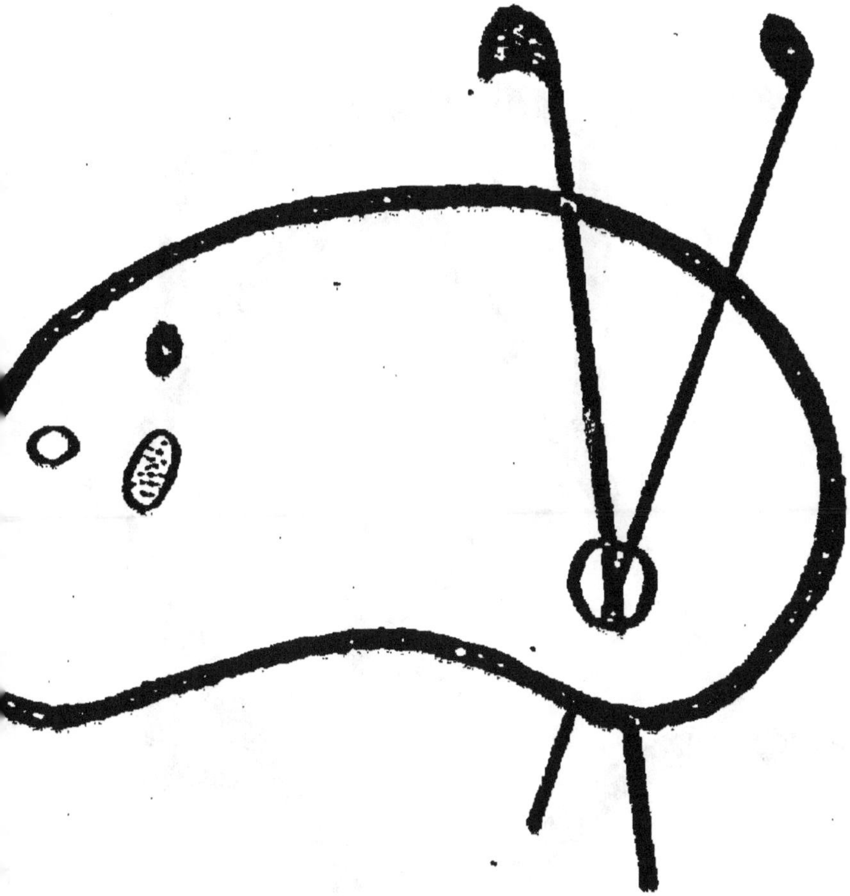

ORIGINAL EN COULEUR
NF Z 43-120-8

Couverture inférieure manquante

SUPPLÉMENT

AUX

ÉTYMOLOGIES

Par L. C.

AVRANCHES

IMPRIMERIE TYPOGRAPHIQUE & LITHOGRAPHIQUE DE JULES DURAND

Rues Boudrie, 2, & Quatre-Œufs, 24

1895

SUPPLÉMENT

AUX

ÉTYMOLOGIES

Par L. C.

AVRANCHES

IMPRIMERIE TYPOGRAPHIQUE & LITHOGRAPHIQUE DE JULES DURAND

Rues Boudrie, 2, & Quatre-Œufs, 24

1895

SUPPLÉMENT AUX ÉTYMOLOGIES

OBSERVATIONS PRÉLIMINAIRES

I° Quoiqu'on en puisse dire, plus on étudie les noms de lieux pour en trouver le sens, plus on arrive à se convaincre qu'ils sont pour la plupart graphiques, et que dans ces noms, l'eau joue le principal rôle. Nos ancêtres, dans la dénomination des lieux, ont procédé comme on fit à l'époque où l'on créa les départements de France. C'est principalement aux cours d'eau qu'on songea pour les dénommer, et souvent on en prit deux pour chaque département, Seine-et-Oise, Seine-et-Marne, Eure-et-Loir, Loir-et-Cher, Indre-et-Loire, etc., etc. Nos ancêtres, pour nommer une circonscription territoriale, en avaient pris jusqu'à trois, sans compter les fontaines et les marais. Ils étaient donc, sous ce rapport, à la hauteur des temps modernes.

II° Il y a des mots entrant dans la composition des noms de lieux qui n'ont point conservé leur sens primitif, comme il est facile de le constater; ainsi *villa* ajouté au nom d'un grand nombre de paroisses, à l'époque, croyons-nous, où les paroisses furent délimitées, n'a point conservé son sens primitif d'habitation ou de propriété petite ou grande; nous l'avons traduit par village, et cette traduction n'est pas non plus exacte; car ce mot indique non-seulement un village, mais un ensemble de villages, une circonscription territoriale. — Nous ferons la même observation pour le mot *cortis* ou *curia*, surtout dans la Haute-Normandie. Ce mot qui signifiait primitivement une propriété, un domaine avec un enclos, et que nous avons traduit par domaine, n'a plus précisément le sens de domaine, et paraît désigner aussi une circonscription territoriale composée de plusieurs domaines.

Si on veut lui conserver ce sens, il faut admettre alors que le domaine est la partie principale de cette circonscription, mais ne la comprend pas en entier. — Nous dirons la même chose de *villare*, auquel il faut souvent attribuer le même sens qu'à *villa*.

III° Il y a des noms dont il n'est pas possible de déterminer le sens sans connaître le lieu, parce que les mots dont ils se composent offrent des sens assez souvent contraires. Citons seulement quelques exemples : *ben* et *bin*, peuvent représenter *pinna* ou *penna*, ou bien *venna*, ou *vinna*; *venna* et *vinna* se changent aussi quelques fois en *pinna*, or *pinna* signifie lieu élevé, coteau, et *venna* ou *vinna*, signifie *pêcherie*; et les pêcheries se trouvent dans les vallées, sur les rivières ou ruisseaux, ou dans les marais. Quand les lieux ne sont pas connus, il est donc très facile de supposer une colline, là où il s'agit d'une pêcherie et réciproquement. Aussi bien souvent nous avons indiqué les deux sens. A ceux qui connaîtront les lieux de déterminer le véritable. — Les syllabes *champ*, *cham*, *camp*, *camb*, *cam*, peuvent représenter *campus*, champ, plaine, ou *camb*, *comb*, vallée; pour donner une étymologie certaine, il faudrait donc encore dans ce cas connaître le lieu. — *Bré* signifie colline, *brabe*, boue; souvent l'un est écrit comme l'autre, et *bray*, qui est très fréquent, est pris dans les deux sens; lequel choisir quand le lieu n'est pas connu ? — Nous dirons la même chose de *brug*, bruyère et de *bruch*, gué, et d'un grand nombre d'autres mots dont on a changé l'orthographe.

IV° Enfin, pour les noms de paroisses désignant une circonscription territoriale ce n'est pas toujours près de l'église qu'il faut chercher l'accident de terrain qui a fait nommer le lieu, mais dans une partie quelconque du territoire. La rivière qui donne son nom au département de la Vendée ne passe pas au chef-lieu, et n'arrose même qu'une petite portion de ce département.

ABLON, *abladia*, paillers.

ACIGNY, ACQUIGNY } *aquae, aquineium*, lieu où il y a des eaux.

ACON, *agaun*, pierre aiguë, rocher.

ACQUEVILLE, *aquae villa*, village de l'eau.

AGY, *ague*, eau.

AGNEAUX, *aigues-nell*, ou *aigues-naës*, eaux des marais. Agneaux est presque entouré de rivières.

AIGLEVILLE, *aqualis-villa*, village de la rivière.

AJON (rivière), *ay-on*, eau de la rivière.

ALENÇON, ville située dans une plaine entourée de forêts, fut primitivement un village construit au milieu des halliers, et couvert de halliers, d'où *hallus, Hallenses*, et enfin Alençon.

ALLEAUME, jadis *Allonne*, *avlaun*, clairière dans un bois sur l'eau ou la rivière.

ALLONNE, même sens qu'Alleaume.

ALLIERMONT, *hallorum-mons*, mont des halliers ou des habitations.

ALLEMAGNE, ALMÉNÈCHES } *all-man*, habitations d'allemands.

ALLOYAUX, alleux, (*allodia*).

AMAYÉ, *ham-ay*, habitation sur l'eau.

AMBIBARES, *ambi-barras*, qui habitent entre les coteaux.

AMBLIE, *amb-l'y*, autour de l'eau ou entouré d'eau.

AMBENAY, *amb-nay*, autour d'un marais, ou entouré d'un marais.

AMBONNE, *amb-onn* ou *amb-bonn*, entouré de ruisseaux ou de sources.

AMBOURVILLE, *amb-our-villa*, village autour de l'eau, ou entouré par une rivière.

AMBRIÈRES, *amb-rigos*, village entre les rivières ou entouré de rivières.

AMFREVILLE, *Ansfredi-villa*, village d'Ansfray, n. p.

AMIGNY, *aa-mesnium*, manoir de la rivière.

AMMEVILLE, *ham-villa*, village du village.

ANCHRETEVILLE (sur la mer), village de l'ancret ou lieu où l'on mettait à l'ancre.

ANCEAUMEVILLE, village d'Anceaume, ou du fabriquant de casques.

ANXTOT, probablement *Ansquetil-tot*, habitation d'Ansquetil.

ANDAINE (forêt), *and*, coteau, forêt formée de coteaux et de vallées.

ANDÉ, commune, ANDELLE (l'), rivière, ANDELYS (les), ville } *and*, paraît signifier coteau ou chaîne de coteaux ; les Andelys, coteaux de l'*ys* ou rivière, l'Andelle, *and-ell*, rivière des coteaux.

ANDEGAVI (angevins), *gaves* des coteaux.

ANTOIGNY, *and-oigne*, coteau sur la rivière.

ANGERVILLE, village d'Anger,

n. pr., franc, ou d'un écuyer, *anger* pour *armiger*.

ANNEBAULT, *anan-boscus*, bois du marais.

ANNEBEC, *anan-bec*, ruisseau du marais.

ANNEVILLE } *anan-villa*, village
ANNOVILLE } du marais.

APRE, *avre*, eau, rivière.

ANTIFER (cap d'), *antifiord*, opposé au *fiord* ou à la baie.

APREMONT } mont ou village,
APREVILLE } sur l'*apre*, *avre*, ou rivière.

APPENAY, *ave-nay*, eau du marais ou marais de la rivière.

ARCANCHY, *ar-cancedium*, enclos sur la rivière.

ARGENTAN (au confluent de trois rivières), *ar-gen-tun*, coteau de l'embouchure des eaux ou *argonce-thania*, domaine des rivières.

ARCHE (pont de), pont arqué.

ARGENCES, *argonce*, rivière des aulnes.

ARDOUVAL, *ar-dour-val*, vallée de l'eau de la rivière.

ARGANCHES, *argonche*, rivière des aulnes.

ARGEROUX, *ar-ger-rauss*, eau de la rivière du marais.

ARGENTELLES, *argonce-dell*, terre partagée sur la rivière des aulnes.

ARQUES, rivière et bourg, *arg*, rivières des aulnes.

ARCLAIS, *ar-clabata*, vallée de la rivière.

ARMENTIÈRES, *armenta*, troupeaux, fermes.

ARMONDIÈRE, *ar-mondaria*, coteau de la rivière.

ARROMANCHES, peut-être pour Romanches, *roz-mansi*, habitations du coteau baigné.

ASSIGNY, comme Acigny.

ASNELLE } *anan-ell*, marais de
ASNIÈRE } l'eau ou bien *alnetaria*, aulnaie. — L'étymologie *asinarium* n'est pas probable.

ASTELLE (l') } *stallum*, *stalla*,
ATELLES (les) } habitation ; on a dit d'abord la Stelle, puis L'Astelle et L'Atelle.

ATHEUX }
ATEZ } *attegiae*, villages.
ATHIS }

AUBE, *albelli*, arbres blancs.

AUBRY, *albelli-rigi*, arbres blancs du ruisseau.

AUBEGIMONT, *albelli-vadi-montis*, arbres blancs du gué du mont.

AUBERVILLE } *albarium villa* ou
AUBERMESNIL } *mesnillum*, village
AUBREMESNIL } ou habitation des arbres blancs, ou bien *auv-ber-villa*, ou *mesnillum*, village ou mesnil du bourg des prairies.

AUBUSSON, *ad-buscum*, au bois.

AUFFAY, *auv-fagi*, prairie de la foutelaie.

AUDERVILLE, *alder-villa*, village de l'Alder, officier chargé de surveiller le pays pour le protéger.

AUGAISE, *auga*, pâturage.

Auge (l'), rivière, *augia*, pré sur l'eau, rivière des prés.

Auge (pays d'), *algia, augia*, pays de prairies.

Augieux, *augia*, terre de prairies.

Aucourt, *auv-curia*, domaine des prairies.

Ambrumesnil, *amb-ru-mesnil*, mesnil autour ou entre les ruisseaux.

Aumale, *auv-marlae*, prairies de la marne ou terre blanche.

Aumesnil, mesnil des prairies.

Aunou, *aluetum*, aulnaie.

Annouville, *alueti villa*, village de l'aulnaie.

Auquemesnil, *aucarum-mesnillum*, mesnil où l'on élève des oies ou autres volailles.

Auquainville, village où l'on élève des volailles, *auchae*.

Autels (les), *allegiae*, les villages.

Autelou, *allegiolum*, petit village.

Autels (les cinq), les cinq villages.

Auteuil, *allegiolum*, petit village.

Autigny, *auv-tun*, coteau sur les prairies.

Authie (l'), rivière des villages, *allegiae*.

Authieux, *allegiae, allegiolum*,
Autil. villages.

Authenay, *allegia-nay*, village du marais.

Authevernet, *allegia-verneti*, village de l'aulnaie.

Autouillet, *allegiolum*, petit village.

Authon (l'), *allegiae-on*, rivière des villages.

Aure (l'), *or*, rivière.

Aurevilly, *or-vallis*, ou plutôt *or-well*, vallée ou plutôt marais de la rivière.

Auvergny, *awv-verneti*, prairies de l'aulnaie.

Auvers, *awv-er*, prairies de la rivière ou des rivières.

Auvillars *awv-villare*, village ou domaine des prairies.

Avallon, *aa-vallis*, vallée de l'eau, ou mieux, *aval*, penchant de la vallée.

Avarreville (sur le bord de la mer), *baber-villa*, village de la baie.

Avenay, *aw-nay*, eau ou rivière
Aveney du marais.

Avenelles, *ave-nell*, eau du marais.

Avezé, *ave-sée*, eau ou rivière, — rivière.

Avernes, *ave-vergn*, rivière des aulnes ou vergnes.

Avesne, *avena*, lieu où l'on
Avoine cultivait l'avoine.

Avre (l'), la rivière.

Avray, *d'avre*, rivière.

Avron (l'), rivière, diminutif d'avre.

Avilly, *avilla*, petite ève ou rivière.

AVRILLY, *avrilla, avrilleium*, petits ruisseaux.

AUXAIS, *also*, terrain bas, ou mieux *auv-sée*, prairies sur la rivière.

B

BACQUEMONT, BACQUEVILLE, *bach*, du ruisseau, ou bien *baccorum*, des rustauds, sobriquet donné par les seigneurs aux serfs. Bacqueville étant sur une rivière, peut signifier aussi village des bateaux.

BAHAIS, *bar-haie*, bois de la colline.

BAGNOLES, *balneola*, lieu de bains.

BALEINE (la), de *balinare*, danser, lieu de danse, ou bien pour *varenna*, rivière ou lieu gardé.

BAYLE (le), *ballium*, hauteur, coteau.

BALLON, *ballium-on*, coteau sur l'eau ou simplement coteau.

BALLIOLET, petite hauteur ou simplement ferme.

BALMELET, *balma, balmula*, petite grotte, petit tombeau.

BALLEROY *bail-le-roi*, coteau appartenant au roi.

BANNEVILLE, BANVILLE, de *binnae* ou *vennae-villa*, village de la colline ou de la pêcherie.

BAONS (les), *bodones*, habitations, villages.

BANVOU, *benna-vand*, pêcherie de la rivière ou colline de la rivière.

BARBERY, BARBEVILLE, villages d'étrangers, *barbari*; les gallo-romains appelaient ainsi tous les étrangers.

BARENTIN, *bar-and-tun*, barre de la colline.

BARFLEUR, *bar-fjord*, fiord ou baie de la hauteur.

BARNAVAST, *barn-wastum*, coteau désert.

BARDONVILLE, *bardi*, bouclier, village d'un armurier.

BARON, paysan, village (*bauer*).

BARVILLE, même sens que Barneville.

BASLINES, de *balinare*, lieu de danse.

BASSE-NEVILLE, *basse-nay-villa*, bas village des marais.

BASTY, BASTIDE, BASTILLE (la), BATILLY } *bastidium*, bastille.

BAUBIGNY, *bosc-binnae*, bois de la colline, ou *Balbineium*, habitation de Balbinus.

BAUMAIS, *balma*, grotte ou tombeau.

BAUDRE, BAUDRY } *vallis-rigi*, vallée du ruisseau.

BAUDREVILLE, *vallis-rigi-villa*, village de la vallée du ruisseau.

BAUX-DE-BRETEUIL, *ballia*,

hauteurs ou coteaux de Breteuil.

BAVENT, *bar-vent*, colline exposée au vent, ou *bar-vaud*, colline sur la rivière.

BAYNE, *beuna*, colline.

BAJOCASSES (les), nom des anciens habitants du Bessin, auquel ils ont laissé leur nom, *boio-casses*, chasseurs Boyens, ou du pays boueux, *bo*.

BAYEUX, tire son nom de *Bajocasses*, et signifie pays boueux. — S'appelait jadis *Augusto-durum-Bojocassium*, rivière d'Auguste ou de l'empereur, au pays des Bajocasses.

BAZOUGES, *basilica*, l'église.

BEAUBRAY, *bellum-bré*, beau mont.

BEAUCHAMP, beau champ.

BEAUCHÊNE, beau chêne ou beau bois de chênes.

BEAUFAY, *bella-fagus*, beau hêtre ou belle foutelaie.

BEAUFOUGERAY, belle fougère.

BEAUFRÊNE, *bellum-frescinum*, beau défrichement, peut-être *bella-fraxinus*, beau frêne.

BEAUMESNIL, beau manoir ou beau village.

BEAUMONT, beau mont.

BEAUNAY, *beau-nay*, beau marais.

BEAUQUET, *boscus*, petit bois.

BEAUREPAIRE, *bellum-reparium*, belle maison fortifiée.

BEAUVAIN, *bellum-vennum*, belle colline ou belle pêcherie.

BEAUTOT, *bellum-tot*, belle habitation.

BEC (le), rivière et ancienne abbaye, le ruisseau ou la rivière.

BECDAL, *bec-dal*, ruisseau de la vallée ou vallée du ruisseau.

BEC DE MORTAGNE, *bec-morae, tania*, ruisseau du domaine de la lande.

BELBŒUF, *bellum-bod*, beau village.

BELLECOURT, *bella-curia*, beau domaine.

BELLÊME, ancienne ville des *Belmenses* ou *Oximenses*; *oxymen*, signifie beaux hommes, *bel-men* a le même sens.

BELLENCOMBRE, *bellum-encombragium*, belle pêcherie. Bellencombre est sur une rivière.

BELLEVILLE, beau village.

BELLENGREVILLE, *bolendegariae-villa*, village de la boulangerie.

BELLESÈVE, *bella-sylva*, belle forêt, ou *belles-eves*, belles eaux.

BELLE-ÉTOILE, *bella-stella*, ou plutôt *stalla*, belle demeure.

BELLOSANNE, bourg et rivière qui donne son nom au bourg, *bella-saana*, belle rivière. — *Saana*, qui peut signifier simplement rivière, peut encore signifier la saxone, ou rivière des Saxons.

BELLAYE } belle eau.
BELLÉE }

BELLOU, *bellus locus*, beau lieu.

BELLOUET, *bellum locale*, bel emplacement.

BELVAL, belle vallée.

BECQUET (le), ruisseau ou cap, petite rivière ou petit cap; au Becquet, près d'Anneville-en-Saire, il y a un ruisseau.

BENOITVILLE, village de Benoît.

BENNE (la), rivière, *benna*, pêcherie, rivière des pêcheries, ou de la colline.

BENNETOT, habitation de la colline ou de la pêcherie.

BENY (le), lieu élevé, *binna*.

BERD'HUIS, *berg-d'huis*, bourg sur l'eau ou la rivière.

BENNEVILLE, *bennae-villa*, village de la hauteur.

BENOUVILLE, *binnae-our-villa*, village de la côte sur la rivière.

BERIGNY, *berineium*, petite hauteur, ou pour Verigny, *viridigarium*, herbage, pâturages, ou *ver-rigus*, entre deux rivières, ce qui est en effet.

BÉRENCE (la), rivière, pour la Vérence, diminutif de ver, petite rivière.

BERNAY, *berg-nay*, bourg ou coteau du marais.

BERNEVAL ou *ber-val*, bourg ou hauteur de la vallée.

BERNIÈRES, même sens que Bernay.

BERTHENOUVILLE, *ber-taniae-our-villa*, village du village du domaine sur l'eau.

BERVILLE, *ber-villa*, village de la hauteur.

BERNONVILLE, *benn-ou-villa*, village de la hauteur sur l'eau.

BERJOU, *ber-jugi*, bourg du coteau.

BERMONVILLE, *ber-montis-villa*, village du bourg du mont.

BERON, *ber-on*, bourg ou hauteur sur l'eau.

BERTREVILLE, *ber-treiss-villa*, village de la hauteur du passage.

BEUVILLE, } *bud-villa* ou *villare*,
BEUVILLERS } village du village.

BEUVRIGNY (entre deux petites rivières), tire son nom de ces rivières appelées sans doute Beuvrognes, parce qu'elles étaient fréquentées par des amphibies (*bibes*).

BEUZEVAL, *boosa-vallis* ou *busci-vallis*, vallée boueuse ou vallée du bois.

BEUZEVILLE, village boueux.

BETTEVILLE, *bod-villa*, village du village.

BEZU, *buscus*, bois.

BICHE (la Chapelle), *busck*, la Chapelle du bois.

BIÉVILLE, *binnae-villa*, village du lieu élevé.

BIGNES (les) } *binnae*, les coteaux
BIGNE (la) } ou les crêtes.

BIGNETTES (les), diminutif de bignes.

BINGARD (le) } *binna*, sommet.
BIGARD (le) }

BINIVILLE, *binnae-villa*, village du lieu élevé.

BIORROCK, rocher de Bior, n. p.

BISON, *buscus-on*, bois sur l'eau.

BISNOU, *buscus-noe*, bois du marais.

BISSIÈRES, *buscariae*, bois.

BIVAL, *buis-vallis*, vallée boueuse.

BLAINVILLE,
BLANVILLE, *blandae* pour *landae-villa*, village de la terre indivise.

BLACHE (la), la chênaie.

BLACARVILLE, village de la chênaie.

BLANGY, *blanda-ger*, terre indivise de la rivière, ou lande de la rivière.

BLARU, *blanc-ru*, blanc ruisseau.

BLANCHE-LANDE, lande blanche, ou terre blanche.

BLANDAY-SUR-OU, *bland-ay*, terre de la rivière, *sur-ou*, sur la rivière.

BLAVETTE, *bladum*, blé, lieu où l'on cultive le blé.

BLÉHOU, *bladi-hulmus*, holme du blé.

BLÈVES, comme Blavette; peut-être *belles-èves*, ou belles eaux.

BLOSVILLE, village de la belle eau.

BLOTTERAUX (les), *bladateria*, les granges.

BLOUTIÈRE (la), *Bloëteria*, domaine de Blouet, n. p.

BOCACE (le), commune,
BOCAGE (le), petit pays, *boscus*, pays boisé.

BOCQUEMARE, *bosc-mar* ou *marisci*, grand bois ou bois du marais.

BOÉCÉ,
BOUCÉ, *boë*, boue, lieu boueux.

BOHON, jadis *brohon*, *brog-holm*, champ du holm, *brog-on*, champs de la rivière, vient peut-être simplement de *boë*, lieu boueux.

BOISNEY, *boscus-nay*, bois du marais.

BOIS DE RONDEL (le), *boscus retundellus*, bois taillis.

BOISHYON, *bois-ly-holm*, bois du holme.

BOIS-ROGER, bois de Roger, n. p.

BOISSET, le petit bois.

BOISSEY, *boscus*, le bois.

BOISSIÈRE (la), *bosciaria*, le bois.

BOISVILLE, village du bois.

BOLLEVILLE, *boll-villa*, village du village.

BOLBEC, *bellum-bec*, ou *boll-bec*, beau ruisseau ou village du ruisseau.

BONCOURT, *bonn-curia*, domaine de la fontaine.

BONDEVILLE, village de la pêcherie, *bonda*, lieu où l'on arrête l'eau.

BONFOSSÉ, *bonum-fossatum*, bon chemin.

BONNEFOY, *bonn-fagi*, fontaine de la foutelaie.

BONNEUIL, *bonn-oelli*, fontaine du passage.

BONNEBOSCQ, *bonn-bosci*, fontaine du bois.

Boos, *boe*, boue, lieu boueux.

Bonneville, *bonn-villa*, village de la fontaine.

Bonneville (la), commune de la Manche, a une autre origine. — Jadis ce lieu se nommait *Merdorae-villa*, village du Merderet, on abandonna ce nom malsonnant, pour prendre celui de la Bonneville.

Boin, *bonn*, fontaine.

Borde, Bordage, Bordel, Bordeaux { habitations sur la côte ou rivage de la mer.

Bornambusq, *bron-in-bosco*, fontaine au bois.

Boscherville, *boscariæ-villa*, village du bois ou lieu boisé.

Bosc-le-Hard, bois-le-montant.

Boscmorel, *boscus morelli*, bois de la petite lande.

Boscregnould, bois de Renould.

Boscnormand, bois normand.

Bost (le), le bois.

Botte, *bud*, village, ou *botta*, bouteille, auberge.

Bottereaux (les), *battitoria*, moulins à draps, ou *buttarii*, les tonneliers.

Bouafles, *boë-auv*, prairies boueuses.

Boudeville, *bud-villa*, village du village.

Bougues (les), sables mouvants au bord de la mer.

Bouille (la), bouillon, lieu boueux.

Boulleville, village du bouillon.

Boulon, bouillon, lieu boueux.

Boumais, *boë-masium*, maison du lieu boueux.

Bouquelon, *bosculum*, petit bois.

Bourdainville, de *burdare*, village où l'on béhourdait (lieu de jeu).

Bourg-Combe, bourg, ou village de la vallée.

Bourgault, *burg-gauld*, village du bois.

Bourgdun, village du coteau.

Bourguebus, *burgh-bud*, village du village ou du bourg, ou du bois (*busc*).

Bourneville, *bronn-villa*, village de la fontaine.

Bourgtheroulde, *burg-Theroldi*, bourg ou village de Théroude, n. pr.

Bourth, *burgh*, bourg, village.

Bourville, village du bourg ou village.

Bourse, *bursa*, lieu où l'on béhourdait, lieu de jeu.

Bouttemont, bout du mont, ou *bod-mont*, mont de l'habitation.

Bouteville, *bud* ou *buttaevilla*, village du village ou de la bouteille, c'est-à-dire de l'auberge.

Bouville, *bud-villa*, village du village.

Boussey, *bosceium*, lieu boueux.

Brachy, *bracht* ou *brachium*, gué.

BRACQUEMONT, *bracth-mons*, mont du gué.

BRACQUETHUIT, *bracth-thuit*; *thuit*, de *Thuistici*, indique une habitation de Teutons; gué du village Teuton.

BRAYÉ, *brahé*, lieu boueux.

BRAY (pays de), *brahe*, boue, pays boueux.

BRAIOSE, *braiosa*, signifie la boueuse.

BRAISERIE (la) { *bracia* ou *brazia*,
BRAZAIS { brasserie de bière.

BRADIAUCOURT, *braiosum-curtium*, domaine boueux.

BRÉAUTÉ (la), pour la Réauté, ancien domaine royal.

BRECÉ { *bre-sée* ou *brecht-sée*, col-
BRECY { line sur une rivière, ou passage de la rivière.

BRESLE (la), *rigella*, petite rivière.

BRECTOUVILLE, *brecht-our-villa*, village du gué de la rivière.

BREMANVILLE, *bre-mansi-villa*, village de l'habitation du coteau.

BRESSELETTES, *bress-lettes*, petites vallées du gué, ou gué des petites vallées.

BREMOY, *bre-masium*, maison du coteau.

BREMONT, mont-mont.

BRETAGNOLLES, *brecht-thaniola*, petit domaine du gué, ou *bre-thaniola*, domaine de la colline.

BRESSY, *braiosum*, lieu boueux.
BRETEUIL { *brecht-ell*, gué de la
BRETHEL { rivière.

BRETONCELLES, *bre-tun-cellae*, habitations de la colline-colline;

ou de *brecht*, la colline du gué.

BRETTEVILLE, *brecht-villa*, village du gué ; tous les Bretteville sont sur des cours d'eau.

BRETTEVILLE-L'ORGUEILLEUSE, pour l'argileuse.

BRETONNE (forêt de), *brecht-tun*, colline du gué ou passage.

BREVEDENT, *brevio-dan*, gué de la vallée.

BREVIAIRE (la), *brevio*, le gué.

BREUILPONT, pont du breuil, ou bois du pont.

BRÉVILLE, *bre-villa*, village de la colline.

BRIEUX { *braiosum*, terre
BRIOUSE { boueuse, ou *brio-ou*, gué de l'eau.

BRIONNE, *Brio-onne*, gué de rivière.

BRIONNE (la), rivière, la rivière des gués.

BRIMBOIS, *brand boscus*, bois de broussailles, ou bruyère du bois.

BROUAY, *brutium*, bruyère.

BROCOTTE, *brog-cotta*, habitation du champ.

BROGLIES, *brogilla*, petits bois.

BRONVILLE, *bronn-villa*, village de la fontaine.

BROCQUEBEUF, *brog-bud*, village du champ ou des champs.

BROSVILLE, *brosii-villa*, village de la bruyère.

BRUCOURT, *brug-curia*, domaine de la bruyère.

BRUDPONT, jadis Breuilpont, pont du bois.

BRULLEMAIL, *bruillum-mael*, breuil ou bois du domaine, ou du lieu où l'on rendait la justice. *Maël* a ces deux significations.

BRUQUEDAL, *brug-dal*, vallée de la bruyère.

BUBERTRÉ, *bu-ber-treis*, passage du village boueux.

BUCAILLE (la), *bud-cail*, village du bois.

BUCHY, *busc*, le bois.

BUDONNIÈRE (la), *budonnaria*, terre des villages.

BUEIL, bouillon, terre boueuse.

BUGLISE, *boë-glaise*, lieu boueux.

BULLY, bouillon, terrain boueux.

BURCY } de *burs*, colons, habitation de colons, ou de *bursa*, lieu où l'on béhourdait, lieu de jeu.
BURSARD }

BURES } *burra*, petites habitations, villages pauvres.
BURÉ }

BUTOT, *bud-tot*, habitation du village, ou *boë-tot*, habitation boueuse.

C

CABOTIÈRE (la), *cail-bood*, habitation du bois.

CABOURG, *caer-burgh*, bourg du village.

CAEN, *gata-holm*, entrée du holme.

CAHAGNE
CAHAIGNES } *caer-ham*, hameau du village.
CAHAN
CHAHAINS

CAHAGNOLLES, diminutif de Cahagnes.

CAILLEVILLE, village du bois.

CAILLAC } *cail*, le bois ou la forêt.
CAILLY

CAINE (la), *casineium*, domaine, ou *kairn*, pierre sacrée des druides.

CAINE (Mont à la Caine) pierre sacrée, menhir.

CAINET (le), diminutif de caine, *casineium* ou *kairn*.

CALIGNY, paraît venir de *cail*, lieu boisé.

CALLEVILLE, *callis-villa*, village du chemin.

CALETI, anciens habitants du pays de Caux, de *cail*, bois, forêt, habitants des forêts.

CALONNE (la), rivière, *cail-on*, rivière du bois.

CALVALANDE, *calva-landa*, terre dénudée.

CALVINCOUR, *calva-cohors*, domaine dénudé.

CAMBES (les), *comb*, vallée.

CAMBLOT, diminutif de *comb*, petite vallée.

CAMBLETTES (les), les petites vallées.

CAMBREMER, *camb-mar*, grande vallée, ou *comb-marisci*, vallée du marais.

CAMBON, *camb-bonn*, vallée de

la fontaine, ou *camb-on*, vallée de la rivière.

CAMDOL, *camb-boll*, vallée de la vallée.

CAMFLEUR, *camb-flacteria*, marais qui se dessèche de la vallée.

CAMEMBERG, *caman-berg*, village du chemin.

CAMPAGNOLES, diminutif de campagne, pays plat, élevé.

CAMPENEUSEVILLE, *campanosa-villa*, village de la plaine.

CAMPIGNY, *campi-pinnae*, champs du lieu élevé, — ou *camb-pinnae*, vallée de la colline, — ou petite campagne.

CAMPROND, presque toujours latinisé *campus-rotundus*, paraît venir de *campi-bré-on*, champ de la hauteur sur l'eau.

CANAPVILLE, *cannabis-villa*, village où l'on cultivait le chanvre, ou lieu où l'on tissait le chanvre.

CANON, *canna-on*, jonchais de la rivière.

CANCHY, *cancedium*, enclos.

CANNIVIÈRES (les) ⎫ de *cannabis*,
CANNEBIÈRES (les) ⎭ lieux où l'on cultivait le chanvre.

CANY, *canna-y*, jonchais, ou *camb*, vallée de la rivière.

CANISY, *canna-y*, jonchais de la rivière.

CAORCHES, *kaer-osch*, village des champs, ou habitation de *caorsini*, usuriers italiens qui se répandirent au moyen-âge dans toute l'Europe.

CANARDIÈRE (la) ⎫ *cannaria*, la
CANNIÈRE (la) ⎭ jonchais.

GANVÉE (les), lieu où l'on cultivait le chanvre.

CANOUVILLE, *cannae-villa*, village de la jonchais.

CANTELEU ⎫ *chantellum*, chan-
CANTELOUP ⎭ teau, terre reçue en héritage ou plutôt en partage.

CANTIERS, chantiers.

CANVILLE, *camb-villa*, village de la vallée.

CAP CORNEZ, *cap-court-ness*, cap, court-cap.

CAP-LEVY, jadis *li-vick*, cap près du *wick* ou petite baie.

CARELLE (la), *kaer-ell*, village de la rivière.

CARBEC, *kaer-bec*, village du ruisseau.

CARNEILLE (la), peut-être *kaer-nell*, village du marais, plus probablement *carneil*, de *kairn*, pierre sacrée des druides.

CARCAGNY, *kaer-casinei*, village du domaine.

CARSIX, *kaer-see*, village de la rivière.

CARENTAN, *kaer-and-tun*, village du lieu élevé. Carentan est un peu élevé au-dessus des marais qui l'entourent.

CARENTILLY, *kaer-and-ill*, village sur la rivière.

CARTIGNY, *kaer-tun*, village du coteau.

CARVILLE, *kaer-villa*, village du village.

CARTERET, *kaer-treiss*, village du gué ou passage.

CARROUGES, *carrucae*, terre labourée.

CARQUEFOU, *kerk-fagus*, soutelaie de l'église, ou église de la soutelaie.

CASTEL (le) \
CASTET (le) } *castrum, castellum,* ancien camp ou lieu fortifié.
CATZ /

CASTILLON \
CASTILLY } petits camps, diminutifs de
CASTIAUX (les) / *castrum, castellum.*

CATENAY, *gata-nay*, passage du marais.

CATHOLLE } *gata-holli*, entrée
CATHÉOLLE / de la vallée.

CAUDEBEC, rivière de la lande ; le bourg tire son nom de la rivière.

CAUX, (pays de), pays des Caletes ou habitants des forêts, *cail.*

CAULE (la), *caulae*, bergerie.

CAUDECOTE, *caus-cote*, habitation de la lande.

CAUMONNE, *causs-mun*, petit mont de la lande, ou bien *comb-onne*, vallée de l'eau.

CAUMONT, *causs-mont*, mont de la lande ou mont dénudé.

CAUVERVILLE, *calvariae-villa*, village de lande.

CAUVINCOURT, *calvina-curia*, domaine de la lande, ou domaine dénudé.

CAUVILLE, *causs-villa*, village de la lande.

CAVIGNY } *cava-vennae*, che-
CAVIGNAUX / min creux de la colline, ou simplement *cavilla*, petites vallées.

CÉAUCÉ, *sée-awv-sée*, prairies entre deux sées ou rivières.

CESNY } *cœnum*, boue, lieux
CENILLY / boueux.

CENOMANS (gaulois), *cœniman*, hommes de la terre boueuse.

CELLERIE (la), *cellae, cellaria*, réunion d'habitations.

CERCEAUX \
CERQUEUX } *ker-cos*, village de la pierre
CERCUEIL (le) / dure.

CERISY } *ker-o*, village de la ri-
CERISÉ / vière.

CERLANGUE, *ker-landae*, ou plutôt *ker-l'ogne*, village de la lande, ou plutôt de la rivière.

CERNAY, *ker-nay*, village du marais.

CERNIÈRES, *crennariae*, marais.

CESSEVILLE, *cœsac-villa*, village de l'enclos, on appelait *cœsac* des enclos dans lesquels les Saxons s'enfermaient pour se défendre. — Cesseville peut aussi venir de *cespis*, village du domaine.

CERVELLE, *ker-well*, village du marais.

CÉTON, *sée-tun*, côteau sur l'eau.

CHAIGNE, *casineium*, domaine.

CHAILLAC \
CHAILLY } *cail*, bois.
CHAILLOUÉ /

CHAINE, *casineium*, domaine.

CHAIZE-DIEU (la), *casa-dei*, église.

CHAMBOIS, *campus* ou *comb-bosci*, champ ou vallée du bois.

CHAMBORD, *camp* ou *camb-*

boria, habitation du champ ou de la vallée.

Chambray, *camb-ray*, vallée de la rivière.

Champsecret, *campus secretus*, champ séparé, ou plutôt *champ-segrie*, champ de l'habitation d'un gruyer.

Champcerie, *cancejium*, *cancediaria*, enclos.

Champenard, *campus-penarius*, champ de la colline.

Champigny, *campus-pinnae*, champ de la colline, ou *campineium*, petite plaine.

Champ-du-Boult, du bouleau.

Champoson, *camb-oson*, vallée de la rivière.

Chanday, *cancedium*, enclos.

Chapelle-Engerbold, en St-Gerbold.

Chapelle-Enjuger, Engelger, n. p.

Chapelle-Souef, *coëv*, chapelle ombragée.

Charnelles, *kaer-nell*, village des marais, ou *kairn-ell*, pierre sur la rivière.

Charleville, village de Karl ou Charles, ou plutôt de Charlots ou roturiers.

Chateau-Gaillard, c'est-à-dire élevé et fortifié.

Chauchain, chaussée.

Chaumont, *causs-mons*, mont de la lande.

Chaumondot-L'Hosme, petit chaumont-le-holme.

Chaux (la), *causs*, la lande.

Chavigny, comme Cavigny,

ou bien *causs-vimae*, lande de la colline ou pêcherie de la lande.

Cheffreville, *chef-frisk-villa*, village du chef du défrichement.

Chennebrun, *casineium-bronn* domaine de la fontaine.

Chénédouet, *casineium ductus*, domaine du douet.

Chênedolé, jadis Campdol, dit-on, *campus-dol*, champ plat, peut venir aussi de *casineium-dol*, domaine plat.

Cheraumont, *ker-ad-montem*, village près du mont.

Cherbourg, *ker-burgh*, bourg du village.

Cheronvilliers, *ker-on-villare*, village ou domaine du village sur l'eau.

Cheux, *cos*, pierre dure.

Chevry, *caprae*, biqueterie.

Chesy, *casae*, habitations.

Chicheboville, *cespis-bod-villa*, village du domaine, ou *caesae-bod-villa*, village de l'enclos, (v. Cesseville).

Chos, *cos*, pierre dure.

Choisel, pierre dure ou rocher sur la rivière, *cos-el*.

Christot, *chris-tot*, habitation du Christ ou des chrétiens.

Christonnum, *Christi-tun*, colline des chrétiens.

Cingalais (la), *cingollus*, sommet d'un mont.

Cinglais (le pays de), *cingulum*, petite région comprise entre des limites naturelles.

CINTRAY, *senterium*, sentier ou *sentes*, buissons.

CINTHEAUX, *sentes*, buissons.

CISSEY, *caesae*, enclos.

CIVIÈRES, *rivala, civateria*, orge et avoine, lieu où l'on cultivait ces céréales.

CLAIREFEUILLE, beau feuillage.

CLAIREFONTAINE, belle fontaine.

CLAIREFOUGÈRE, belle fougère.

CLAIDS, *clabata*, vallée.

CLARBEC, clair-ruisseau.

CLAVILLE, *clabatae-villa*, village de la vallée.

CLECY, *clabata-sée*, vallée de la rivière.

CLAGNY, *clabata-nay*, marais de la vallée.

CLÉON, *clabata-on*, vallée de la rivière.

CLERAY, *clarum-ay*, clair ruisseau.

CLÈRES, rivière et bourg, *clara*, belle rivière.

CLERMONT, *clarus mons*, beau mont.

CLEUVILLE } *clabatae-villa*, village
CLEVILLE } de la vallée.

CLINCHAMPS, *klin-campi*, champs du coteau en pente.

CLIMPOSOULT, *klin-pogii-oult*, penchant du coteau sur l'eau.

CLIPONVILLE, *klip ou-villa*, village du coteau sur l'eau.

COISEL, *cos-el*, rocher sur la rivière.

COIGNY, *casineium*, domaine.

COLLIÈRES, *collatarii, collarii*, habitants de *colles*, serfs.

COLOMBE (la)
COLOMBELLE
COLOMBIÈRES } maisons en planches debout reliées en bas et en haut par des poutres,
COLOMBES
COLOMBRIE (la) appelées vulgairement maisons en *colombage* ou *coulombage*.

COLONARD, *colonarii*, habitation de colons, serfs.

COLTOT, *collis-tot*, habitation de la colline.

CONDEVILLE, village du confluent.

COMBE (la), la vallée.

COMMEAUX, peut être *cumbella*, petites vallées.

COMPAINVILLE, *compaganorum-villa*, village d'habitants d'un même village.

CONDÉ } *condate*, confluent.
CONDEAU }

CONTEVILLE, *comitum-villa*, village de compagnons; peut être quelquefois pour Coudeville.

CONTRIÈRE, *contra-jarriam*, en face de la lande; Contrière est en face de la lande d'Orval et de Saussey.

CONILLÈRE (la)
CONILLON (le) } de *conin*, lapin, lieux où l'on élevait des
CONINIÈRE (la) lapins.

CONNETTES, *agaun*, petites pierres anguleuses, terrain pierreux.

CONNETOT, *agaun-tot*, habitation du lieu pierreux.

Coquainville, *cocionum* ou *coquinorum-villa*, village de coquins, sobriquet donné aux Normands, ou aux serfs par les seigneurs.

Corbon, *cro-bonn*, marais de la fontaine.

Corbois, *cro-bosc*, marais du bois.

Corday, *cro-d'ay*, marais du ruisseau.

Cordebugle, *cro-de-bullio*, marais du marais ou du bouillon.

Corhubert, *cro-hubariorum*, marais des hobereaux.

Coriovallum, ancien nom de Cherbourg, *kaer-vallum*, camp du village.

Cormeilles, *cro-mellicum*, marais jaune.

Cormesnil, *cro* ou *cortis-mesnillum*, mesnil du marais ou du domaine.

Cormolain, *cro-mollis* ou *molinae*, marais de la pierre molle.

Corne-de-lièvre, village, *cron-de-l'ièvre*, marais du ruisseau.

Corneville, *cronn-villa*, village du marais.

Cornières, *cronariae*, marais.

Corny, *cron-y*, marais de l'eau.

Cosnu, *cos-nudiae*, pierre dure sur le marais.

Cossesseville, *coscez (colarii) villa*, village de serfs.

Cottevrart, *cotta-warrecti*, habitation du lieu défriché.
Cotewart,
Cotevrait,

Cosqueville, *Escoc-villa*, village d'Escoc, dit-on; ne serait-ce point *Scotorum villa*, village d'Escots ou Écossais? ou *coscez-villa*, village de colons; ou mieux *Scaldrorum-villa*, village des hommes de l'Escaut ou des normands.

Coudehart, *heod-hart*, habitation du coteau.

Coudeville, *heod-villa*, village de l'habitation.

Coulandon, *hullus-land-on*, vallée de la terre sur l'eau.

Coulibeuf, *hulli-beuf*, village de la vallée.

Coulimer, *hulli-mariscus*, marais de la vallée.

Coulleville, *hulli-villa*, village de la vallée, ou *collou-villa*, village du lieu pierreux.

Coulombiers,
Coulombs, } voir Colombe.

Coulonces, *coloniae*, habitations de colons, ou serfs.

Coulonges,
Coulonche (la) } *hullus-ogue*, vallée de la rivière.

Coulvain, *hullus-vennae*, vallée de la colline, ou colline de la vallée; — ou bien encore vallée de la pêcherie, ou pêcherie de la vallée.

Couperie (la), *cuparia*, tonnellerie.

Coupesarthe,
Couptrain,
Couterne, } dans ces trois noms *coup* et *cou* paraît assez évidemment représenter *comb*, vallée; car ce sont trois vallées, et dans chacune coule une rivière. — Coupesarthe signifie donc vallée de la rivière (sarthe

est un nom commun); Comptrain vallée du passage ou du gué, *trajecti ;* et Couterne, vallée de la rivière, *tarn*, nom qui est également commun.

Coupigny, *collis-pinnaculum*, sommet de la colline.

Courbe (la), *curva*, cette commune forme un holme dans l'Orne.

Courcy, *curtium*, domaine.

Courgeout ⎱ *gurges-uldae* ou
Courgeron ⎰ *gurges-on*, pêcherie de la rivière, — ou bien, pour le dernier, *curia-ger-on*, domaine sur le cours d'eau.

Courmesnil, *curiae-mesnillum*, mesnil du domaine.

Courmoulin, *gord*-moulin ou *cour*-moulin, moulin de la pêcherie ou du domaine.

Cournets, *gord-nay* ou *curia-nay*, pêcherie du marais, ou domaine du marais.

Courson, *curtium-on*, domaine sur la rivière, ou simplement domaine.

Courseulles, *gord* ou *curia see-hull*, pêcherie ou domaine de la *seulle*, ou rivière de la vallée.

Courtons (les), *curtis-on* ou *curia-tun*, domaine de la rivière ou du coteau.

Courtemanche, *cour-demanche*, *curia dominica*, domaine seigneurial.

Courtomer, peut-être *curtis-Audomari*, domaine d'Omer, n. pr.

Courteilles, *curtilla*, petits domaines.

Courtonne, *curia-tun*, domaine du coteau.

Courvaudon, *curia*, domaine de Vaudon ou *vallis-dun*, de la vallée du coteau.

Couturière (la), *cultura*, terre cultivée.

Couverville, *coev-villa*, village ombragé.

Couzeville, *cos-villa*, village de la pierre dure.

Couville, *collis* ou *hulli villa*, village de la colline ou de la vallée.

Créqucole (la), la petite crique.

Cressain ⎫
Cresseron ⎬ ces noms peuvent venir de *gradus, gras-ay*,
Cressonnière (la) ⎬
Cressy ⎭
passage de l'eau, ou être des diminutifs de *cro* et signifier des petits marais *crociae, crocionaria*.

Cresseville, *crociae villa*, village du marais.

Crestot, *crociae-tot*, habitation du marais.

Cretot, peut-être pour Crestot, ou de *crag-tot*, habitation du lieu sableux ou pierreux.

Creton, *crag-tun*, coteau pierreux ou sablonneux.

Cretteville, jadis Quettreville, *chef-treis-villa*, tête du passage de la rivière.

Creully, *cro-hulli*, marais de la vallée.

Crèvecœur, *croft-cro*, enclos du marais.

CREVON, *crav-on*, coteau pierreux sur l'eau.

CRIEL, *cru-el*, marais de la rivière.

CRIQUE (la), petite baie.

CRIQUEBŒUF, sur la mer, signifie village de la crique, à l'intérieur des terres, vient de *crag-beuf*, et signifie village du lieu pierreux ou sablonneux.

CRIQUEVILLE a le même sens que Criquebœuf; sur la mer c'est le village de la crique, à l'intérieur des terres c'est le village du lieu pierreux.

CRIQUETOT, même sens que Criqueville et Criquebeuf.

CROCY } *crocium*, marais.
CROISY }

CROISSET, petit marais.

CROISSAINVILLE, *crociana-villa*, village marécageux.

CROISILLES, petits marais, *crosilla*.

CROCIATONUM, *crociae-tum*, coteau sur le marais (Saint-Côme-du-Mont.

CROIXMARE, marais du marais ou grand marais, *cromariscus* ou *cro-mar*.

CROIXDAL, marais de la vallée.

CROSSY, *crocium*, marais.

CROPUS, *cro-pugium*, coteau sur le marais.

CROQUEVICK, *cring-vick*, baie-baie.

CROTHE
CROTTE (la)
CROUTES (les) } *croft*, enclos.
CROUPTES

CROUAY, *cro-ay*, marais de la rivière.

CRUMESNIL, *cro-mesnil* ou *crag mesnil*, mesnil du marais ou du lieu pierreux.

CROULLES, *cro-hulli*, marais de la vallée.

CRULAY, *cro-hull-ay*, marais de la vallée de la rivière.

CUDAL, *cuc-dal*, vallée du mont.

CUI, *cuc*, mont.

CURCY, *curtium*, domaine.

CUISSAY }
CUSSET } *cuc-sée*, mont sur la rivière ou le ruisseau.
CUSSY }

CUVERVILLE, *cœv-villa*, village ombragé.

D

DAIE, *Daye, dée*, ou *dé*, ne vient pas de *deus*, mais de *dag*, latinisé *dagus*, dais, pavillon, et qui dans les noms de lieu paraît signifier habitation.

DALOT, diminutif de *dal*, petite vallée.

DANCÉ, *dan-sée*, vallée de la rivière.

DAMMECOURT } *dan*, ou *Dane-*
DAMNECOURT } *curia*, domaine de la vallée, ou domaine des Danois.

DAMMARIE, Dame Marie.

DAMNEVILLE { village de la vallée
DANVILLE { ou des Danois.

DAMIGNY, *dan*, ou *damp-mesnium*, habitation de la vallée, ou du lieu humide.

DAMPMESNIL, *damp-mesnil*, mesnil humide ou mouillé.

DAMPIERRE, *damp-petra*, pierre humide.

DAMBLAINVILLE, *dan-blandac-villa*, village de la lande de la vallée.

DANESTAL, aujourd'hui Darnetal, *Danes-stallum*, habitation des Danois.

DANESTANVILLE, *dan-estang-villa*, village de l'étang de la vallée.

DAMPS (les), *damp* signifie mouillé ; cela peut signifier les lieux mouillés — mais nous croyons plutôt que cela signifie les Danois où les vallées.

DANNEVILLE, village des Danois.

DANS (la mare ès), la mare aux Danois.

DANCOURT, domaine de la vallée.

DANNEVAL, val des Danois.

DANVOU, *dan-vaud*, rivière de la vallée, ou vallée de la rivière.

DANGY, *dungio*, donjon.

DANGEUL, *dungiolum*, petit donjon.

DAUBEUF, *dun-beuf*, village du coteau.

DEMONVILLE, *dagi-montis-villa*, village de l'habitation du mont.

DESERTINES, lieu désert ou ravagé.

DENESTAINVILLE, comme Danestanville.

DEAUVILLE, pour Doville, *dun-villa*, village de la hauteur.

DERCHIGNY, peut être *rachineium*, petit marais.

DÉTROIT, *districtum*, gorge entre deux collines.

DEUX-EVAILLES, rivière, ainsi nommée de ce qu'elle est formée par la réunion de deux petites *èves*, ou ruisseaux.

DEVILLE, *dagi-villa*, village de l'habitation.

DICK, fossé.

DIEPPE, profond, vallée profonde.

DIEPPEDAL, vallée profonde.

DIGOSVILLE, *di-gords*, entre deux rivières.

DIELETTE (la), rivière, pour la Divelette ou petite Dive.

DIVES, tire son nom de la rivière Dive ou d'Ive.

DOMPIERRE, *Domnus Petrus*, Dom Pierre.

DOMFRONT, *Domnus-Frontius*, Saint Front.

DONNAY, *dun-ay*, côte sur la rivière.

DONGY { *dungio*, donjon.
DONGU {

DORCEAU, diminutif de *dour*, petite rivière.

DONVILLE, *dun-villa*, village du coteau.

DOVILLE, *Odonis-villa*, jadis Escaleclif, *Scale-clift*, rocher en pente, de *scale*, mot dont la signification nous est inconnue.

DOUVILLE, *dour-villa*, village de la rivière.

DOUVRES, *douve*, la rivière.

DOUVE (la), rivière, pour la rivière d'Ouve.

DOUVREUIL, *douvr-ell*, rivière de la rivière, peut-être entre deux rivières.

DOUDEAUVILLE, *dour-dun-villa*, village du coteau sur l'eau.

DOURDAN, vallée de la rivière.

DOUX-MARAIS, *dour-mariscus*, marais de la rivière.

DOZULÉ, *dor-solare*, ferme ou domaine sur la rivière.

DRUCOURT, *ru-curia*, domaine du ruisseau ou de la rivière.

DRUMARE, *ru-mariscus*, marais de la rivière.

DRUBÉC, *ru-bec*, ruisseau du ruisseau.

DRUVAL, *ru-vallis*, val du ruisseau.

DRAGUEVILLE, *Drogonis-villa*, village de Drogon ou Drey.

DROME (la), rivière, *dur-onna*, rivière-rivière.

DU (le), rivière, *dour*, rivière.

DUIT (le), *ductus*, le douet.

DUCLAIR, ville et rivière, *dour clarum*, rivière claire.

DUMAS n. pr. } de *masio*, de la
DUMEZ n. pr. } maison.

DURANVILLE, *duron-villa*, village de la rivière ou du ruisseau.

DURCET, tire son nom d'une petite rivière ; Durcet est un diminutif de *dour*.

DURDENT } *dour-dan*, rivière de
DURDAN } la vallée.

E

EAULNE (l'), rivière, *ay-alnorum*, rivière des aulnes.

ECALLES, *cail*, bois, forêt.

ECAYEUL } *cailliolum*, petit
ECHALOU } bois.

ECLAIRÉE (l'), clairière dans un bois.

ECHAUFFOUR, *calfurnium*, four à chaux.

ECHAUMESNIL, *calcis-mesnil*, mesnil du four à chaux — ou *causs-mesnil*, mesnil de la lande.

ECAUSSEVILLE, *causs-villa*, village de la lande.

ECOQUENÉAUVILLE, *Escoc-nayauw-villa*, village des prairies du marais d'Escoc, ou plutôt des normands, *Scaldri*, hommes de l'Escaut.

ECORCEY, *crociae*, marais.

ECORCHES, *crociae*, marais.

ECORCHEBEUF, *crociae-bud*, village du marais.

ECOUVES (fort d') *excubiae*, forêt gardée.

ECORCHEVILLE, *crociae-villa*, village du marais.

ECTOT (haie d'), *haiae-tot*, habitation du bois ou de l'enclos.

Ecos, *ay-cos*, pierre dure sur la rivière.

Ecrosville, *cro-villa*, village du marais.

Eculleville, *aquilae-villa*, village du ruisseau.

Ecramville, *crennae-villa*, village du marais.

Ecouché, *ay-oschae*, champs de l'eau, ou plaine de la rivière.

Ecretteville, comme Cretteville.

Ellecourt, *eil-curia*, domaine près la rivière.

Elbeuf, jadis *Wuelbeuf*, *wel-bod*, village du marais.

Elletot, *ell-tot*, habitation sur la rivière.

Ellon, *ell-on*, rivière-rivière, ou entre deux rivières; peut-être en diminutif d'*ell*, en ce cas ce serait petite rivière.

Emalleville, *maël-villa*, village du lieu où l'on rendait la justice, ou du domaine.

Emanville, *mansi-villa*, village de l'habitation.

Emondeville, *ey-mond-villa*, village du petit mont, ou plateau sur la rivière.

Emprise, *imprisia*, entreprise ou plutôt *in-prisia*, dans la prise, ou terrain pris sur une forêt.

Englesqueville; il y a plusieurs communes de ce nom. On trouve *Engleberti-villa*, mais est-ce la véritable étymologie? cela paraît douteux.

Envermeu, peut-être *in-ver-mutula*, motte sur l'eau ou la rivière.

Epaignes } *paganicum*, village.
Epanney }

Eperrais, *petrariae*, carrières.

Epieds, *podia*, côteaux.

Epouville, *podii-villa*, village du coteau.

Epreville, *evre-villa*, village de la rivière.

Epronière (l') } *evr-on*, ruisseau-
Epron } ruisseau, peut être entre deux ruisseaux.

Equetot, *gatae-tot*, habitation du passage, ou *hagae-tot*, habitation du bois.

Equiqueville, *equicuiae-villa*, village de la forge où l'on ferrait les chevaux.

Equainville-les-Dames, *ay-kairn-villa-les-damps*, village de la pierre sur l'eau les pierres humides.

Equeurdreville, *Scaldrorum-villa*, village des hommes de l'Escaut, c'est-à-dire des Normands.

Equilly, *aquilies*, petites eaux.

Equilbec, n. p., *aquilae-bec*, ruisseau de la petite eau.

Eraines, *ranae*, grenouillère.

Ermeneuville, *remeratorum-villa*, village où l'on laboure deux fois la terre avant de l'ensemencer, ce qu'on appelait *remenare*.

Ernemont, peut-être *ranarum-mons*, mont sur le marais, plus probablement mont des cabannes ou habitations des serfs, *ern*.

ERNOUVILLE, *ern-our-villa*, village sur l'eau habité par des serfs, ou bien *guern-ou-villa*, village des aulnes sur la rivière.

EROUDEVILLE, *Haroldi-villa*, village de Harold.

ESGLANDES, *aquae-landae*, terres de l'eau ou sur l'eau.

ESCOT, *Scaldri*, hommes de l'Escaut, normands.

ESCOVILLE, *Scaldrorum-villa*, village de normands.

ESCARDONVILLE, pour Cardonville, village de la terre féconde en chardons.

ESCURE, *scurra*, écurie.

ESLETTES, pour les Lettes, comme de Les Pas on a fait Espas ; *lettes*, petites vallées.

ESPINS, les pins.

ESQUAY, *cayae*, habitations, *scaci*, échecs, lieu où l'on jouait ; plus probablement *es-kaib*, les passages.

ESSARTS (les) ⎱ *exsarta, exsar-*
ESSARTIERS (les) ⎰ *taria*, lieux défrichés.

ESSAY, pour Lessay, *latus-ay*, près de l'eau.

ESSO, *esso, essonium*, excuse ; fief exempté du service militaire pour de justes motifs.

ESTRÉE (l'), à l'embouchure d'une rivière, *estra*, estuaire, embouchure ; ailleurs, *estrata*, chemin chaussé ou empierré.

ESTAINMARE, *stagni-mariscus*, marais de l'étang ou étang du marais.

ESTELAND, pour Estreland, terre de l'embouchure.

ESTEVILLE, à l'intérieur des terres, *astrae-villa*, village de l'habitation.

ESTRY, *astra*, habitation.

ESY, *ay-y*, eau-eau, peut-être entre deux rivières ou ruisseaux.

ETALONDE, *stalla-lond*, habitation de la terre cultivée.

ETALLEVILLE, *stallae-villa*, village de l'habitation.

ETAMPUY, *stagni-podium*, coteau de l'étang, ou *estaloc-podium*, coteau de l'auberge.

ETANCLIN (mont), *stagni-klint*, coteau en pente sur l'étang.

ETIOLES, *attegiolae*, petits villages.

ETIENVILLE, *Stephani-villa*, village d'Etienne, n. pr., étymologie douteuse ; pourrait être pour Etieu-ville, *attegiae-villa*, village du village.

ETOUBLON, *stipulae*, étoubles, pailles légères que le van rejette. Si telle est l'étymologie, Etoublon signifierait une terre qui produit plus de paille que de grain ; mais cela nous paraît douteux.

ETOUVY, l'ancien *Ituvium*, peut-être *ey-topha*, tuffe ou pierre molle sur l'eau.

ETOQUET, *estaloc*, auberge.

ETOUPEFOUR, *stupa-furni*, four fermé.

ETRAN, *estran*, estuaire.

ETREHAN, dans l'intérieur des

terres, *astrae-ham*, village de l'habitation.

Etretat, *estrae-tal*, vallée de l'estuaire.

Etreville, à l'intérieur des terres, *astrae-villa*, village de l'habitation.

Etrepagny, *astrae-paganicum*, village de l'habitation.

Eturqueraie, de *turcs*, sobriquet donné aux serfs par les seigneurs.

Eu, jadis *Eawu*, *ey-auv*, prairies de la rivière, ou simplement *ou*, rivière.

Eure (l'), *our*, la rivière.

Eurville, *our-villa*, village de la rivière.

Evrecy, *evre-sée*, rivière-rivière; entre deux cours d'eau.

Evreux
Evrecin (pays d'Evreux)
Eburovices (habit. de l'Evrecin) *evres, riviè-res*, pays des *èvres* ou rivières, habitants des bords des rivières.

Exmes, ancienne ville des Oxymiens, *Oxymen*, ou des beaux hommes; *oxy* signifie beau.

F

Fallencourt, *fells* ou *fellencuria*, domaine du rocher ou des rochers.

Faverie (la)
Favrais (la)
Faverolles
Favril (le)
Favris (les)
tous ces noms ont une origine commune et se trouvent en beaucoup de contrées. Que signifient-ils? nous l'ignorons. Ils peuvent venir : 1° de *favus*, rayon de miel; en ce cas ce seraient des lieux où l'on cultive les abeilles; cette étymologie n'est pas inadmissible. 2° de *faba*, *fabaria*, fèves, lieux où l'on cultivait les fèves; 3° de *faber*, artisan, forgeron, charpentier, armurier; il est possible que quelques-uns de ces noms tirent de là leur origine. Mais aucune de ces interprétations ne nous paraît bien sûre.

Fayel
Fayoux } *fagiolum*, foutelaie.

Falaise, *fells*, rochers.

Family, *familia*, habitation de serfs.

Fatouville, *fatuorum villa*, village de fous ou sots, sobriquet donné aux serfs par les seigneurs.

Fauguernon, *fald-warn*, village du garde.

Fauville, *fald-villa*, village du village.

Fecamp, *fish-canna* ou *fish-camb*, marais ou vallée du poisson.

Fel, *fagiolum*, foutelaie.

Feins, *fines*, limites, aux limites de l'Evrecin.

Fère (la), *faran*, le passage.

Fermanville, *farae-mansi-villa*, village de l'habitation du passage.

Ferté (la), *firmitas*, la forteresse.

FERVACHES, *ver-v-aquae*, eaux de
FERVAQUES la rivière ou des rivières.

FEST (la chapelle du), de *fago* ou de *fuste*, des hêtres ou de la foutelaie.

FEUGÈRES, fougères.

FEUILLIE (la), *foliata*, lieu ombragé.

FICFLEUR, *fish-fiord*, baie du poisson.

FIÈRE (la), *fara*, le passage.

FIERVILLE, *ferae villa*, village du passage.

FLAQUAIRE (la), *flacteria*, lieu marécageux.

FLOQUES, *flacones*, flaques d'eau, lieu mouillé, boueux.

FLERS, *flacteria*, flaques d'eau, lieu humide, d'où l'eau s'écoule difficilement.

FLEURY, *flacterium*, même sens
FLURIÈRE que Flers.

FLAMMANVILLE, village de flamands.

FLIPÉE, *flip*, breuvage chaud,
FLIPON auberges.

FLOTTEMANVILLE, *flott-man-villa*, village des hommes de la flotte, c'est-à-dire des pirates normands.

FORMERIE, de *formae*, canaux
FORMIGNY artificiels pour l'écoulement des eaux.

FOLLIGNY, de *follis*, jeu de choule.

FOLLETIÈPE (la), *follis*, jeu de choule.

FOLLEMPRISE, *follis-in-prisia*, jeu de choule dans la prise (défrichement).

FOLVAL, *foliata vallis*, val ombragé ; ou plutôt *follis val*, vallée du jeu de choule.

FONTAINE-LA-LOUVET, fontaine de la petite rivière (*ouvet*).

FONTAINE-DUN, fontaine du coteau.

FONTENAILLES, petites fontaines.

FONTENERMONT *fons-Heremundi*, fontaine de Hermon ; peut être plutôt *fons-ner-mont*, fontaine du ruisseau du mont ; le lieu est assez élevé.

FOSSE-LÉVRETTE (la), la fosse ou vallée de l'*evrette*, petit cours d'eau.

FOUGUEUSE-MARE, *fagosum-mare* ou *mariscus*, mare ou marais entouré de hêtres.

FOUCARVILLE, *focariae-villa*, village du village (lieu où il y a des feux) ; ou moins probablement village de Foucard. Peut-être comme le suivant.

FOUCART, *fagi-kaer*, village de la foutelaie.

FOUCARMONT, mont de Foucart, ou bien mont du village de la foutelaie.

FOULBEC, *fagioli-bec*, foutelaie du ruisseau.

FOULOGNES, *fagiolum-ogne*, foutelaie du ruisseau.

FOULVILLE, *fagiolae*, ou *follis-villa*, village de la foutelaie ou du jeu de choule.

FOUPENDANT, hêtre penché.

Fourel, *fodrarius*, habitation d'un fourrier.

Fourches, chemins qui se bifurquent, ou bien fief dont le tenant avait le droit d'élever une potence, *furca*.

Fourneaux, *furnus*, four banal.

Fourneville, village du four banal.

Fournier, n. pr., *fornarius*, qui a la garde du four banal.

Fromentel, Fromentières, Fromentin } lieux où l'on cultive le blé, *frumentum*.

Freauville, *frisc-aw-villa* ou *friae-awv-villa*, village du défrichement sur des prairies, ou village des prairies de la petite rivière.

Fresquienne, *frescinum*, défrichement.

Francheville, village de francs, ou plutôt *franchisiae-villa*, village du tennement libre.

Franquetot, *franck-tot*, habitation de francs.

Fresnay-le-Long, *Fresnay-l'ogne*, ou Fresnay-la-rivière.

Fresnay-la-Mère, *frescinum-mariscus*, le défrichement et le marais.

Frenouville *friscini-our-villv*, village du défrichement sur l'eau.

Freulleville, *fresculi-villa*, village du petit défrichement.

Fréneuse (la), probablement *fraxinosa*, de *fraxinus*, frêne.

Fresles, *frescula*, petits défrichements.

Fresville, *frisca* ou *fresca-villa*, village défriché ou village frais, ombragé.

Fretigny, *frisk-tun*, coteau défriché.

Friardel, *friaria-ell*, rivière où il y a des petits poissons, *fria*.

Fry, *frisck*, défrichement.

Frobertville, *fraust-berg-villa*, village du bourg du lieu désert.

Fultot, *fagiolae-tot* ou *follistot*, habitation de la petite foutelaie, ou du lieu où l'on jouait à la choulle.

Fumichon, de *fimus*, boue, lieu boueux.

Furville *furum-villa*, village de voleurs, sobriquet donné aux serfs par les seigneurs.

G

Gablevert (le), probablement *caill-verg*, bois d'aulnes.

Gacé, *gascalum*, lieu défriché.

Gaillarde (la), lieu élevé ou fortifié, peut-être comme le suivant.

Gaillardes (les), *gaialis*, lieu de jeu.

Gaillarbois, *gaialis-boscus*, bois du lieu de jeu.

Gaillefontaine, *cail-fontaine*, fontaine du bois.

GAILLON, *cail-on*, bois de la rivière. Peut-être de *galious*, barques sur lesquels les Normands remontaient les rivières. En ce cas, Gaillon serait un établissement de Normands.

GALARDIÈRE (la), de *gaialis*, lieu de jeu.

GAMACHES, *gast-marsh*, défrichement du marais, ou *gala-marsh*, passage du marais.

GALLEVILLE, *gaialis villa*, village où l'on jouait.

GARANCIÈRES, *warrantia*, terre donnée en garantie.

GARNETOT, *warn-tot*, habitation du garde.

GARZEVILLE, *jarriae-villa*, village de la lande inculte.

GATTEVILLE, *galae* ou *wasti villa*, village du passage ou du lieu désert.

GARAMBOUVILLE, *varennaebod villa*, village de la garenne.

GAUDELAIN, *goldinum*, petit bois.

GAUDECOURT, *goldae-curia*, domaine du bois.

GAUVILLE, *gold-villa*, village du bois.

GASNY, *wastum-nay*, défrichement du marais, ou plutôt *gala-nay*, passage du marais.

GAVRON (le) ⎰ *gavre*, cours d'eau
GAVRUS   ⎱ resserré et encaissé entre deux côtes rapprochées.

GEFFOSSES ⎰ *vadi-fossa* ou *fossae*,
GEUFFOSSES ⎱ chemin ou chemins du gué. On appelait gués non seulement les passages des rivières mais encore les havres ou baies qu'on pouvait traverser à mer basse.

GENESTAY, de genets, genêtais.

GENEVRAIS (la), tire son nom du génévrier.

GENNEVILLE, *gennae-villa*, village du lieu élevé. *Gen* qui signifie embouchure, signifie aussi hauteur.

GEREFLEUR (le), ancien nom nom de la rivière de Portbail, *ger-fiord*, rivière qui se jette dans le *fiord* ou baie.

GERPONVILLE, *ger-pontis-villa*, village du pont de la rivière.

GERVILLE, sur le Grattechef, *ger-villa*, village sur la rivière.

GIÉVILLE, *ger-villa*, village de la rivière.

GISAY, *giscellus-nay*, pêcherie du marais.

GISORS ⎰ *giscellus-or*, ou *ay*, pêche-
GISAY ⎱ rie de la rivière, ou *gista-or*, levée d'eau de la rivière. — Gisay, *gista-ay*.

GLACERIE (la), tire son nom de l'ancienne verrerie transférée à Saint-Gobain.

GLANVILLE, *glen-villa*, village de la vallée.

GLANFEUIL, *glen foliata*, vallée ombragée.

GLAYE, *clabata*, vallée, ou *gliseria*, terre glaise.

GLICOURT, *glisis-curia*, domaine de la terre glaise ou boueuse.

GLISOLES, *ecclesiolae*, petites églises.

GLOIRE (la), rivière, *liger*, la rivière.

GLOS, *croft*, clos, enclos.

GODEFROIDERIE (la), habitation de Godefroy.

GODISSON, diminutif de gault, petit bois.

GODERVILLE *gildariorum-villa*, village de compagnons ou sociétaires soumis à un impôt commun.

GOLLEVILLE, *gord-villa*, village de la rivière.

GOMMERVILLE, village de Gomer, n. p., franc.

GORON, *gord-on*, pêcherie de la rivière.

GONNEVILLE, *agaun-villa*, village des pierres aigües.

GONFREVILLE, *gurgitum-villa*, village des pêcheries ou des marais où l'on s'enfonce.

GOUFFERN (forêt de), *gold-fern*, bois de la fougère ou plein de fougères; peut-être *gold farni*, bois de frênes ou de hêtres.

GOUFRIÈRE (la), *gurgès* ou *gord friae*, rivière ou pêcherie où il y a de petits poissons.

GOULT (lande de), lande du bois, *gold*.

GOUBERVILLE } *gour-berg-villa*,
GOURBESVILLE } village, du village sur la rivière.

GOULAFRIÈRE (la), *hullus friscarius*, vallée défrichée, ou bien *hullus friae*, la vallée de la rivière aux petits poissons.

GOURAY } *gour*, rivière, pêcherie
GOURY } même dans la mer.

GOULET, commune, diminutif de *hullus*, petite vallée.

GOURNAY, *gour-nay*, marais de la rivière.

GOURNAY } n. pr., habitant du
GOURNEL } marais de la rivière.

GOUVETS, *gour-vadum*, gué de la rivière.

GOUVIX, *gour-vicus*, village de la rivière.

GOUPILLÈRES (les), les renardières ou habitations de renards, *vulpeculae*, sobriquet donné aux serfs par les seigneurs.

GOUVILLE, *gour-villa*, village de la rivière.

GOUY (sur la Seine), *gour*, la rivière.

GOUSSEMESNIL, *gouss-mesnil*, mesnil des chiens ou du chenil.

GRANDCHAIN, grand-*casinium*, grand domaine.

GRANGUES, granges.

GRAIMBOUVILLE, *grenn-bod-villa*, village du village du marais, ou *box-villa*, de la boue du marais.

GRAIS (le) } grée, terre sa-
GRAYE } bleuse.

GRAIMBBAUCAIRE, *gren-boscaria*, bois sur le marais.

GRAVAL. } *crag-vallis* ou *villa*,
GRAVILLE } village ou vallée de
GRASVILLE } la terre sableuse et pierreuse.

GRAINS (les), *crenn*, les marais.

GRAND-COURONNE (forêt de), dans un holme de la Seine, *grenn-curia-onne* ou *holmi*, ou *grandis curia-onne* ou *holmi*, marais du domaine de la rivière ou du holme, ou bien grand domaine du holme, ou sur la rivière.

GRAVERON, *graw-on*, terre sableuse et pierreuse sur l'eau.

GRAVENCHON, paraît signifier l'habitation d'un gravanger.

GRAVIGNY, *graw-venna*, colline sableuse et pierreuse.

GRAUVAL, val de la terre pierreuse et sableuse.

GRATTECHEF (le), rivière, *grad-chef*, ainsi appelée de ce qu'elle se jette au fond de la baie de Saint-Germain sur-Ay, le mot *gradus* s'applique aux baies que l'on peut traverser à mer basse.

GRAIGNES, *grennae*, marais.

GRENTHEVILLE, village du garde.

GRESTAIN, *grès-tun*, colline sableuse.

GRENY, *gren-ay*, marais de la rivière, ou rivière du marais.

GRÈGES, *greges*, bergerie.

GRÉMONVILLE, *grée-montis-villa*, village du mont sableux.

GRIMBOSQ, *grenn-bosc*, bois du marais.

GRIMOUVILLE, *Grimoaldi-villa*, village de Grimoult, n. p.

GRISE (la), *rigus* ou *reiss*, rivière.

GROSBOIS, *cro-bosc*, bois du marais.

GROSEILLES } *crosilla*, petits marais.
GROSEILLERS (les) }

GROSLAY, *cro-l-ay*, marais de la rivière.

GROSSOEUVRE, *cro-operaii*, serfs du marais.

GROSMESNIL, mesnil du marais.

GROUVILLE, *gour-villa*, ou *graw-villa*, village de la rivière, ou de la terre sableuse.

GRUCHY, *grossum*, terre tenue par un serf non attaché à la glebe, ou par un homme libre.

GRUGNY, *grun*, marais.

GRUES, habitation d'un gruyer.

GRUMESNIL, *grun-mesnil*, mesnil du marais, ou habitation d'un gruyer.

GUÉHEBERT, gué de Hébert.

GUESLET, *vadum-let*, gué de la vallée.

GUÉPREY } *vadum-prati*, gué du
GUÉPREZ } pré, ou *vèpres*, buissons.

GUETTEVILLE, *gatae-villa*, village du passage.

GUERBAVILLE, *werbae-villa*, village du village.

GUERNY, *ger-ny*, ou *vergn-ny*, marais de la rivière ou marais des aulnes.

GUERVILLE, *ger-villa*, village de la rivière.

GUERETS } *varrecta*, défriche-
GUERRES } ments.

GUISENIERS, *vicoenarii*, petits villages.

GUISLAIN (le) } *gelo*, *guilo*,
GUYARDIÈRE (la) } pot, cruche, village des cruches, sobriquet

donné aux serfs par les seigneurs.

Guibray, *vadi-bray*, mont du gué.

Guilbertville, village de Guilbert, ou peut-être *vadiberg-villa*, village de la colline sur le gué.

H

Habloville, *abladiorum-villa*, village des paillers.

Habit (le l'), l'habitation.

Hacqueville, *hague* ou *hog-villa*, village de la haie ou de la hauteur.

Hallouze, *hallus*, habitation, halliers.

Haleine, même sens que ci-dessus.

Haineville, *hen-villa*, vieux village, *haginae-villa*, village de la petite haie, ou *gen-villa*, village de la hauteur.

Hambye, *ham-bye*, village de l'habitation.

Hamars, *ham-ars*, hameau de la rivière.

Hanouard (le), *ham-noard*, hameau du marais.

Harangère (la), *hara-angeri*, écurie de l'écuyer.

Harcourt, *hart-curia*, domaine de la colline.

Hardinvast, *hart-lun-wastum*, défrichement du coteau.

Harel, *hayrelium*, domaine, ou *ara-el*, ferme sur l'eau.

Harfleur, *hart-fiord*, fiord ou baie d'accès difficile.

Haussez, *also*, terrain bas.

Hautmoitiers, *alta-monasteria*, monastères ou églises en lieu élevé.

Hautes-Noes, hauts marais.

Hauteville, *alta-villa*, village élevé.

Hautot, habitation élevée peut-être, mais plus probablement pour *ottot*, habitation de Saxons, *ot* ou *ost*.

Hauterive, rive élevée.

Haye-Pesnel (la), *haga*, place fortifiée, c'est-à-dire entourée d'une palissade, *Paganelli*; les Paynel en ont été longtemps possesseurs.

Haye-du-Puits, *haya-podii*, la haye ou place fortifiée du coteau.

Heauville, *ay-auv-villa*, village des prés de la rivière.

Hébécourt, *hubae-curia*, domaine de la *hobe*, portion de terre avec habitation, occupée par un serf appelée hobereau.

Hébécrevon, *hubae-crav-on*, hobes du terrain pierreux et sableux sur la rivière. Le Herhert-Chevron, du livre noir de Coutances, n'a jamais existé; c'est un nom imaginaire pour expliquer Hébécrevon.

Heleine, diminutif d'*ell*, rivière.

HELVILLE, *ell-villa*, village de la rivière.

HEMEVEZ, *ham-ay-vadi*, hameau de l'eau du gué.

HECMANVILLE, *hagae-mansi-villa*, village de l'habitation de la maison.

HECTOMARE, *otto-mare*, marais de l'habitation des Saxons.

HENNEVILLE, *hen-villa*, vieux village? *haginae-villa*, village de la petite haie? *genne-villa*, village de la hauteur?

HENOUVILLE, *gen-ou-villa*, village de la hauteur sur l'eau.

HENNEQUEVILLE, *henkin-villa*, village de brigands ou de pendards; ce sobriquet fut sans doute appliqué aux Normands qui s'établirent assez promptement en ce lieu situé sur le bord de la mer.

HERANGUERVILLE, *harae-angeri-villa*, village de l'écurie de l'écuyer.

HERBIGNY, *herbineium*, lieu fécond en herbe.

HERBRETOT, *herbae* ou *Herbert-tot*, habitation des prairies, ou de Herbert.

HERICOURT, *heri-curia*, domaine d'un homme de guerre ou d'un franc.

HERMANVILLE, *her-man-villa*, même sens, mieux marqué que dans le nom précédent.

HERMIVAL, val des ermites.

HERMITIÈRE (l'), habitation d'ermites.

HÉROUVILLE, *Haroldi-villa*, village de Harold.

HESLOUP, même sens que Hallouze.

HERQUEVILLE, *berg-villa*, village de la hauteur.

HÈZES (les), *hayae*, les habitations.

HEU (le), *hog*, la hauteur.

HEUBECOURT, *hubae-curia*, domaine occupé par des hobereaux.

HEUDEBOUVILLE, *hod-bod-villa*, village du village du village.

HUDIMESNIL, *hod-mesnillum*, mesnil de la maison.

HEUDREVILLE, *hod-rigi-villa*, village du ruisseau de l'habitation, ou village du ruisseau.

HEUGUE (la) } hauteur sur
HEUGON (le) } l'eau.

HEUGUEVILLE, village de la hogue.

HEURE (l'), à l'embouchure de la Seine, *ora*, rivage.

HEURTEAUVILLE, *hurt-aw-villa*, village des prés du bois, ou peut-être de Heurteaux, nom propre.

HEURTEVENT, *hurstum-vand*, bois sur la rivière.

HIESVILLE, *ey-villa*, village du ruisseau.

HOCTEVILLE, pour *oltteville*, village de Saxons.

HOCQUIGNY, *hoquineium*, petite hogue.

HODENJEN, *hod-denjen*, habitation du lieu sauvage.

HODENGEN-BOSQ, bois de l'habitation du lieu sauvage.

HODENGENBER, bourg de l'habitation du lieu sauvage.

HOLLANDE, holl-land, terre de la vallée.

HOMMES (bois des), bois des holmes.

HOMMET (le), le holme.

HOMMÉEL, le holme de la rivière.

HONFLEUR, holmi-fiord, la baie du holme.

HOTTOT, ot-tot, habitation saxonne.

HOU (le), le holme.

HOUBLONNIÈRE (la), lieu où l'on cultive le houblon.

HOUVILLE, hod-our-villa, village de l'habitation sur l'eau.

HOUDTOT, hod-tot, maison de la maison.

HOULBEC, hulli-bec, ruisseau de la vallée.

HOULGATTE, huili-gata, entrée de la vallée.

HOULLES (les), les vallées.

HOULLAND, terre de la vallée.

HOUQUETOT, hogue-tot, habitation de la hauteur.

HOUDBICOURT, hod-rigi-curia, domaine de l'habitation du ruisseau.

HOUESVILLE, aucarum-villa, village où l'on élève des oues ou des oies, — peut venir et vient plus probablement de holmorum-villa, village des hous ou holmes.

HOUPPEVILLE, hupae-villa, village où l'on cultive le houblon (hupa).

HOUTTEVILLE, hod-villa, village de l'habitation.

HUBERVILLE, hubariorum-villa, village de hobereaux.

HUEST, huestum, terre en litige.

HUGLEVILLE, hougue-villa, village de la hauteur.

HUMIÈRE (la), hulmaria, terre de holmes.

HUPPAIN, hupa, houblonnière.

HYBOUVILLE, y-hod-villa, village du village sur l'eau.

I

ICÉ ⎱ is-ay, eau de la rivière, ou
IRAY ⎰ entre deux ruisseaux.

IFFS, ivs, eaux.

IGÉ, ig, eau.

ILLEVILLE, ill-villa, village de la rivière.

IMBLEVILLE, imbladata-villa, village où l'on cultive le blé.

IMBRASVILLE, imbrata-villa, village mouillé.

INOVILLE, y-nœ-villa, village du marais de la rivière.

IVILLE, y-villa, village de la rivière.

INGOUVILLE, in-jugo-villa, village sur la crête du coteau.

INGRANDES, ingre-and, coteau sur la rivière.

IVRY, ive-rigi, eau de la rivière.

Isneauville, *is-neau-villa*, village du marais de la rivière.

Irreville, *err-villa*, village de la rivière.

J

Janville, village du *jan* ou ajonc.

Jobourg, *jugi-burg*, bourg ou village du sommet de la côte.

Joganville, *Johannis-villa*, village de Jean, n. pr.

Jonquerets (les), lieux où croit le jonc.

Jort, *cohors*, domaine.

Joué
Joug } *jugum*, chaine de coteaux, sommet.
Jouy

Jumièges, traduit par *Gemetiae*, qui n'a pas de sens; *hulmi-aige*, eaux ou marais du holme; Jumièges est en effet dans les marais d'un holme de la Seine.

Jurques, probablement *burgh*, hauteur ou bourg.

Juaye, *hubae*, habitations de hobereaux.

Juvigny, *jugum-rennae*, sommet de la colline.

Juignettes, *juvignettes*, diminutif de Juvigny, sommet de petits coteaux.

Jouviaux, *juviaux*, autre diminutif de Juvigny, *jugum-vinnolae*.

Juigné, abbréviation de Juvigny.

K

Kairon, *ker-on*, village sur la rivière.

Kainçu, *kairn-cuc*, pierre druidique du mont.

L

Lacrière pour l'Acrière, de *acra*, mesure agraire.

Laigle pour l'Aigle, *aqualis*, la rivière.

Lallier, *hallus*, le hallier ou l'habitation.

Lalleu, *allodium*, l'alleu.

Lacelle (la), peut-être *lasca*, donation. — Plus probablement de *lassi*, serfs, terre de serfs.

Lamberville, village de Lambert, n. p.

Lambonne pour l'Ambonne, voir Ambonne.

Lammerville, *lamariae-villa*, village de la vallée ou quelquefois de la plaine.

Lanchal, *land-cail*, terre ou lande du bois.

Landemer, lande sur mer.

Lande d'Airou (la), la lande de la rivière.

Lande de Vardes, lande du garde.

LANDE VAUMONT, lande du val du mont, ou de Vaumont, n. pr.

LANGRONNE } *land gron* ou *grun*,
LANGRUNNE } terre du marais ou sur le marais.

LANDIGOU, *landis-gour*, lande du ruisseau ou de la rivière.

LANDIN (le), petite lande.

LANDIVY, *landae vicus*, village de la lande.

LARCHAMP, *ar-campus*, le champ sur la rivière, ou *ar-camb*, vallée de la rivière.

LARRÉ, *ar-ay*, rivière-rivière ou entre deux rivières.

LARY } *aridum*, lieu aride.
LARIS }

LASSAY }
LASSY } habitations de serfs, *lassi*.
LASSON }

LAUTHEUIL, *attegiolum*, le petit village.

LECAUDE, *ly-causs*, la lande.

LENAULT, le *noe*, le marais.

LERY, *aridum*, lieu aride.

LESCURE, *scura*, l'écurie.

LESMEVAL, *lamae vallis*, val du rocher, ou de la sorcière.

LESSART, *exartum*, le lieu défriché.

LÉTANVILLE, *stagni* ou *estatoc-villa*, village de l'étang ou de l'auberge.

LETTEGUIVES, *ly-attegiae-ive*, eau du village, ou village sur l'eau.

LETTIERS (les), *lette*, petite vallée; habitants des petites vallées.

LISIEUX, *Lexovium*, *ligs-auv*, prairies des rivières.

Lexovienses, habitants des prairies, des rivières.

LIEUVAIN, pays de Lisieux, *lig-auv*, prairie des rivières.

LHABIT (le), l'habitation.

LHOSME, le holme.

LIEURAY, *ur-ay*, rivière-rivière, probablement entre deux cours d'eau.

LIEUSAINT, *locus sanctus*, ancienne chrétienté.

LILLEAU, *insuletum*. On appelait ile, dans l'intérieur des terres, des habitations environnées d'eau, et souvent des maisons isolées.

LILLEBONNE, *Jauliobon*, *insulae* ou *Julii-bonn*, fontaine de l'île ou de Jules.

LILLETOT, *insulae tot*, habitation du lieu isolé.

LILLOIS } *insulae*, lieux isolés.
LILLY }

LIGNÈRES, *lignaria*, lieu où l'on entasse le bois, ou bois.

LIGNEROLLES, petits bois.

LIGNON, *lignum*, bois.

LIMBEUF, *limi-bœuf*, village du lieu boueux ou du marais.

LIMETZ, *limi-metz*, mès ou habitation du lieu boueux.

LIMONDEL, lieu boueux, sur la rivière.

LINDEBŒUF, *landae-bœuf*, village de la lande, ou *limi-bœuf*, village du marais.

LINTOT, *limi-tot*, habitation du lieu boueux.

LINGÈVRE, *ling-èvre*, eau-eau, entre deux eaux.

LION, n. p., Leo, Léon.

LION SUR MER, *ly-hon* ou *holm*, le holme sur mer.

LISORE / *ly-sorde*, la sorde ou
LISORS \ rivière qui sort de sa source.

LISON, *ly-ison*, la rivière.

LITHAIRE, *ly-thar*, la rivière.

LIVET / *ly-ive*, l'eau ou le ruis-
LIVAY \ seau.

LIVAYE, pour l'ivet ou pour *ly-voie*, la voie.

LIVAROT, *ly ive-raus*, le marais de la rivière, ou *ly-ivarot*, la petite jonchais.

LOISAIL (d'*auchae*, oies, pou-
LOISE { lailleries, ou d'*eys*,
LOISEUIL (*eyse, oise*, rivière.

LONDE (la), *lond*, terre partagée et cultivée.

LONDINIÈRES, *ly-on-dun*, le coteau sur l'eau.

LOIGNY, *ly-ogne*, la rivière.

LONGEUIL, *ly-ogne-ell*, la rivière-rivière, probablement entre deux cours d'eau.

LONGMESNIL, *l'ogne-mesnil*, le mesnil de la rivière.

LONGUES, *ly-ogne*, la rivière ou les rivières.

LONLAY, *ly-ongne-lée*, pierre de la rivière, ou *ly-ogne-ly-ay*, la rivière-la rivière, probablement entre deux rivières.

LONQUELUN, *logne-lond*, la terre de la rivière.

LONGRAIE, *ly-ogne-riga*, la terre labourée sur la rivière.

LONGUY, *l'ogne*, la rivière.

LONGRIES (*ly-ogne-ri*, la rivière-
LONGRY { ruisseau, probable-
LONGUERY (ment entre deux cours d'eau.

LONGUERUE, *l'ogne-rue*, le village de la rivière.

LONRAY (*ly-ogne-riga*, terre cul-
LONROY { tivée sur l'eau, ou *ly-ogne-rigus*, la rivière-le ruisseau.

LONGUENOE (*l'ogne-noy*, eau du
LONGUENER { marais.

LONGUEVES (la), rivière, *ly-ogne-eve*, l'eau-eau, réunion d'eaux.

LONGUEVAL, *ly-ogne-val*, l'eau de la vallée.

LONGUETUN, *l'ogn-tun*, le coteau sur l'eau.

LONGPAON pour Longbaon, *l'ogne-boden*, habitations sur la rivière.

LONGVILLERS (*ly-ogne-villare*,vil-
LONGVILLIERS (lage de la rivière.

LONGTHUIT, *ly-ogne-thuit* (*theodisticum*, habitation teutonne); l'habitation près de l'eau.

LONGTOT, *ogne-tot*, habitation près de l'eau.

LORAILLE, *orilla*, la petite rivière.

LORE (*ly-or*, le ruisseau ou la
LORY (rivière.

LORANGERIE, *or-augia*, village des prairies de la rivière.

LORLEAU, pour l'Orleau, diminutif *d'or*, petit ruisseau.

LOREY (le) (*oratorium*, ora-
LORET (le) { toire, l'article
LOREUR (le) (est redoublé.
LOROUX (le)

LOSQUE (les champs de), *oscha*, champs. Les champs de l'osque, les champs des champs.

LOUCELLES, *lucelli*, petits bois.

LOUCÉ } *lucus*, bois.
LOUGÉ }

LOUDIÈRE, *lodiae*, village des habitations.

LOUVRE (le) } *ouv-aria*, l'ouve
LOUVIÈRE (la) } ou la
LOUVIERS } rivière, terre de
LOUVIÈRES } la rivière.

LOUVAGNY } *ouv-vinna*, coteau
LOUVIGNY } sur l'eau. Quelques
LOUVIGNEY } fois pêcheries de la
LOVAGNY } rivière, *ouv-nay*, marais de la rivière.

LOUVELLIÈRES (les), *uvellae*, diminutif d'ouve, les petites eaux.

LOUVETOT, *ouve-tot*, habitation de la rivière.

LOUVERSEY, *ouv-ver-sey*, rivière-rivière-rivière, ou trois rivières.

LOUVET, *l'ouvet*, petite rivière.

LOUYE, *ly-oue*, la rivière.

LOSON (le), rivière, *l'oson*, diminutif d'*on*, petite rivière.

LUC } *lucus*, bois.
LUCÉ }

LUNERAY, *linarium*, lieu où l'on cultive le lin.

LUSIGNEUL, *lucinolum*, petit bois.

LUTHUMIÈRE (la), située au confluent de deux rivières, *lud* (pour *palus*), *ulmaria*, holme du marais ou marais du holme.

LYRE, *l'ure*, la rivière. Il y a la Neuve-Lyre et la Vieille-Lyre; neuve et vieille peuvent signifier nouvelle et ancienne; ces mots peuvent venir aussi de *nov-lyre* et *wel-lyre*, et dans un cas comme dans l'autre, ce serait la lyre des marais ou la rivière des marais.

M

MACÉ, pour Marcé, *marsh*, marais.

MAGE (le), *magus*, habitation.

MAGNEVILLE, *magi* ou *mansi-villa*, village de l'habitation.

MAGNY } *mesnadium*, *mesna-*
MAIGNÈRES } *gia*, maisons.

MAILLÉ, *maël*, lieu où se rendait la justice.

MADERIE (la), *madidaria*, lieu humide, marais.

Madriacensis pagus, entre l'Eure et la Seine, le pays de Madrie, jadis ainsi appelé de *madidarius*, pays humide, marécageux, à cause des marais qu'il renferme.

MAILLEVILLE, *maël-villa*, village du lieu où se rendait la justice.

MAILLOC, *maël-locus*, lieu du siège de la justice.

MAISETS } *masia*, maisons.
MAISY }

MAINNEVILLE, *maisnadi-villa*, village de l'habitation.

MALOUY, probablement *mala-ou*, mauvaise eau, ou mauvais emplacement, *malum locale*.

MALAUNAY, mauvais aulnay.

MALÉTABLE, *malum-stallum*, mauvaise habitation, *malum-stabulum*, mauvaise étable.

MALE, *maël*, lieu où l'on rendait la justice, ou domaine.

MALHERBE, mauvaise herbe.

MALTOT, *mael-tot*, habitation du lieu où se rendait la justice, ou *mala-tolta*, possession enlevée injustement.

MANGON, n. pr., *mango*, séducteur.

MANDRES, *mandrae*, monastères.

MANDEVILLE, MANDREVILLE, *mandrae-villa*, village du monastère ou de l'église.

MANEHOUVILLE, *mansi-hod* ou *holmi-villa*, village de l'habitation de la maison ou du holme.

MANÉGLISE, *mansi* ou *maisnadi-ecclesia*, église de l'habitation.

MANERBE, *mala-herba*, mauvaise herbe.

MANNEVAL, *mesnadi-val*, val de l'habitation.

MANNEVLLE, village de l'habitation.

MANTILLY, *mansi-deil*, *mansus* de la terre partagée.

MANESQUEVILLE, *mesnagii-villa*, village de l'habitation.

MARBEUF, *mar-beuf*, ou plutôt *marisci-beuf*, grand village ou plutôt village du marais.

MARANDÉ, *maranda*, collation, lieu où l'on allait faire la collation.

MARCAMBYE, *marisci-camb-bye*, habitation de la vallée du maraisou de la grande vallée, *mar-camb*.

MARCANVILLE, *marisci-camb-villa* ou *mar-camb-villa*, village de la vallée du marais ou de la grande vallée.

MARCET, *marsh*, petit marais.

MARCHAINVILLE, village du marais.

MARCHEMAISONS, maisons du marais.

MARCHÉ-NEUF (le), *marsh-nov*, le marais de la noë ou du marais.

MARCHESIEUX, *marchiscosum*, lieu marécageux.

MARDILLY, *mardellum*, lieu humide.

MARIGNY, *mariscus*, terrain marécageux.

MARGUERAY, de *margae*, tas de pierres rejetées des champs.

MARMOUILLÉ, marais mouillé.

MARNEFER, MARNIÈRES (les), lieux d'où l'on extrait de la marne.

MAROLLES, petits marais.

MAROMME (forêt de), *mar-holmus*, grand holme, c'est le plus grand holme formé par la Seine, près de Rouen.

MARTIGNY, *marisci-tun*, coteau sur le marais.

MARTAGNY, *marisci-thania*, domaine du marais.

MARTAINVILLE, MARTINVILLE, *marisci-tun* ou *thaniae-villa*, village de la colline, ou de la seigneurie du marais.

Martinvast, *marisci-thaniae-vastum*, défrichement du domaine du marais.

Martot, *marisci-tot*, habitation du marais.

Martin (St) le Vieux, pour l'*évieux*, à cause des marais et des rivières voisines.

Marvindière (la), *mariscus-vand*, marais de la rivière.

Mainrêve (la), *men-rascia* ou *rava*, marais du mont.

Massy, *massa*, habitation.

Maresdans, mare ou marais des danois.

Mathouville, *mathorumvilla*, village des imbéciles, sobriquet donné aux serfs par les seigneurs.

Mauquenchy, *malum cancedium*, mauvais enclos.

Maucomble, *malum-culmen*, mauvais sommet.

Maulevrier, mauvais evrier ou petit ruisseau.

Maunay, *malum-nay*, mauvais marais.

Mauffe (la), *meld-aw*, milieu des prairies.

Mauves, comme la Mauffe.

Mauru, *malus-rigus*, mauvais ruisseau.

Meautis, jadis *Meltae*, *medlay*, milieu des rivières ou entre deux rivières. — Peut-être *mes attegiae*, mès du village.

Medavy, peut-être mès de Davy, n. p., ou bien *med-awv*, milieu des prairies.

Medine, *meda*, *medum*, hydromel, peut-être fabrique d'hydromel. — Ou mès-du-coteau, *mès-dun*.

Mehoudin, *masii-hod*, maison du mès.

Melomare, *mellicus-mariscus*, marais jaune, dont la terre où les eaux sont jaunes.

Menus (les), *masia-noes*, mès des marais.

Merlerault (le), *margalarium*, lieu d'où l'on extrait la marne, ou *marisci-lerault*, petite rivière du marais, ou marais de la petite rivière (*lerault*, diminutif de *lerre*).

Merbouton, *marisci-butum*, bout du marais.

Menouval, *mansi-heod-vallis*, val de la maison du mès.

Menorval } *mansi-or-vallis*, val
Menourval } de l'habitation sur l'eau.

Menerval, *manerii-val*, val du manoir.

Merderet (le) } rivières, *ma-*
Merdereau (le) } *risci-dour*, rivière du marais.

Mercey }
Merrey } *marsch, mariscus*, marais.
Merry }

Merval, val du marais ou marais du val.

Merville, village du marais.

Mery-Corbon, *mariscus-corbonn*, marais de Corbon ou de de la fontaine du marais.

Mesanguerville, village du mès d'Auger ou de l'écuyer.

Mesnières, *maneria*, habitations.

MESNILAUVIN, *mesnil-auv*, mesnil des prairies ou des prés.

MESNILAUBERT, mesnil d'Osbert.

MESNIL-AU-VAL, *ad-vallem*, dans la vallée.

MESNILBREUX } *brutium*, mesnil
MESNILBROUX } de la bruyère.

MESNIL-CAUSSAIS, *causs*, mesnil de la lande.

MESNILDURDENT, *dour-dan*, mesnil de la vallée de la rivière.

MESNILBONANT, *bonn-nant*, mesnil de la fontaine de la vallée.

MESNIL-ERREUX, mesnil des rivières.

MESNILFOL, *mesnillum-follis*, mesnil du lieu où l'on jouait à la choule, *follis*.

MESNILFOLEMPRISE, Mesnilfol dans la prise, c'est-à-dire dans le défrichement du bois.

MESNIL-HERMAN, mesnil de l'homme de guerre.

MESNIL-GAULT, mesnil du bois.

MESNIL-GUYON, mesnil de Guyon, ou *vadi-on*, du gué de la rivière.

MESNILLES, *mesnilla*, habitations.

MESNIL-HUE, *hubariorum*, mesnil des hobereaux.

MESNIL-ROGUES, *hog*, mesnil de la hogue ou lieu élevé.

MESNILAMAND, *mesnil-allemand*, habitation d'Allemands.

MESNILVERCLIVE, *ver-clift*, mesnil du rocher en pente sur l'eau.

MESNILTOUFEREY, *tuphi-frisc*, mesnil du lieu tuffeux défriché.

MESNIL-VILLEMAN, ou plutôt *vine-man*, mesnil du vigneron.

MESNILVIGOT, *viculi*, du petit village.

MESNILVIN, *mesnil-vennae*, mesnil de la colline ou de la pêcherie.

MESSAY, *mès-ay*, mès sur l'eau.

MESTAY, *metata*, habitation.

MEULES, moulin (*molae*); ou pierre molle (*molles*); c'est la signification assez ordinaire.

MEURDRAQUIÈRE (la), habitation de Meurdrac.

MEURDRAC, *morae-Drogonis*, lande de Drogon.

MEUVAINES, *med-evennes*, milieu entre deux rivières.

MEZIDON, *masium-don*, mès sur la rivière, ou *mazium-zetanum*, maison avec des tourelles d'observation, ou bien encore *masium-zetarum*, mès des habitations.

MIELLES (les), grèves plates et sablonneuses.

MILLFARES } (châteaux de),
MILLEHARTS } masures en harts enduites d'argile.

MILLIÈRES, pierre milliaire; une grande voie romaine passait sur le territoire de Millières.

MILLEBOSQ, *midlebosq*, bois du milieu ou milieu du bois.

MILLEMONT, *midle-mont*, milieu du mont ou des monts.

MIRVILLE, *marisci-villa*, village du marais.

MISERAY, *meseray*, habitation d'un gardien de moissons.

MITTOIS, *mutulae*, petites haies en terre, lieu où les propriétés étaient divisées par des haies en terre.

MOBEC, *morae-bec*, lande de la rivière.

MOCHE (la chapelle), petit mont, *montia*.

MOISMARE, *mès-marisci*, mès du marais.

MOISVILLE, village du mès.

MOLAY (le), *mollis*, pierre molle.

MONCY, *montius*, petit mont.

MOITIERS (les), *monasteria*, les monastères.

MONAY ou MONNAY, *mons-nay*, petit mont sur le marais,

MONTVILLE, *montis-villa*, village du mont.

MONDRAINVILLE, *mondariae-villa*, village du petit mont ou coteau.

MONTAMY, *mons-ham-ey*, mont de l'habitation sur la rivière.

MONTAIGU, *mons acutus*.

MONTAIGU-LA-BRISETTE, brisette, de *brosia*, signifie petite bruyère, ou petite rivière qui sort des bruyères.

MONTBOSQ, bois du mont.

MONTCARVILLE, *montis-caer-villa*, village du village du mont.

MONTCHAMP, *montis camb*, ou *campi*, vallée du mont ou champs du mont.

MONCEAUX, *monticelli*, petits monts.

MONTCATRE, *mons-castri*, mont du camp.

MONTSECRET, *mons-segrie*, mont de l'habitation d'un gruyer.

MONTCAUVAIRE, MONTCHAUD, MONTCHAUVEAU, *mons-causs* ou *monscalvarius*, mont de la lande, ou mont dénudé.

MONTDAIE, *mons-dagi*, mont de l'habitation.

MONTFARVILLE, jadis Morsarville, *morae-farae-villa*, village du passage de la lande ou de la mer (*mor*).

MONTFREVILLE, *montis-frisi-villa*, village du défrichement du mont.

MONTGARDON, mont du garde

MONTMAIN, *mont-méne*, mont-mont.

MONTILLY, MONTIGNY, MONTEILLE, *montillus*, *monti-neium*, petits monts.

MONTGAROULT, mont du garoult.

MONTCHATON, *mons castionis*, mont du camp.

MONTCHATONNIÈRE (la), village du mont du camp.

MONTHUCHON, *mons-heug*, mont hogue ou mont-mont.

MONTMARTIN, *mons-Martini*, mont de Martin ou de Saint-Martin.

MONTMAIRE, *mons-major*, grand mont.

MONTSURVENT, mont-sous-levent, c'est-à-dire exposé au vent.

MONTIVILLIERS, *montis-villare*, domaine ou village du mont.

MONTROTY, *mons-roz* ou *rauss*, mont baigné ou mont du marais.

MONTPOIGNANT, *mons-pignans*, mont qui forme le pignon, ou la crête.

MONTORS / *mons-tor*, mont-
MONTOURS \ mont.

MONTVIETTE, mont de la petite voie ou petit chemin.

MONTREUIL, *monasteriolum*, petit monastère.

MOON, *mora* ou *mons-on*, lande ou mont sur l'eau.

MORINS (les), ancien peuple, habitants des *mores* ou landes.

MORAINVILLE, village de Morins.

MORIN, *morinum*, petite lande ou marais.

MORGNY / *morineium*, petite
MORIGNY \ lande ou petit marais; Morgny peut signifier habitation de mornes ou sorciers.

MORICHESSE (la), *moricia*, petite lande.

MORSALINES, salines des *mores* ou landes, ou plutôt de la mer (*mor*).

MORSENT, *morae-sentes*, buissons de la lande.

MORTAGNE, *morae-thania*, domaine de la lande.

MORTRÉE, *morae-trajectum*, passage de la lande.

MORTEAUX / eaux stagnantes,
MORTEMER \ marais sans écoulement.

MORVILLE, *morae-villa*, village de la lande.

MOTTEVILLE, village de la motte.

MOUCHÈRES, *mussariae*, petits étangs ou marais.

MOUETTES / *mossulae*, petits
MOUEUX (les) \ étangs ou petits marais.

MOUFFLAINES, *muffulae* pour *mossulae*, petits étangs ou petits marais.

MOULICENT, *mollis-sentum*, mollière des buissons.

MOULINS-LA-MARCHE, mollière ou pierre molle sur le marais.

MOUSSEAUX, *mossae*, étangs ou marais.

MOUTONNET (le), *mossae-tunnet*, petit coteau sur le marais.

MOYAUX, *medium-aux*, milieu des prairies.

MOYON, *medium-on*, milieu des rivières; la partie où se trouve l'église est entre deux rivières.

MOUSSONVILLIERS, *mossarum-villare*, village ou domaine des marais ou des étangs.

MUCHEDENT, *mossae-dan*, vallée de l'étang ou du marais.

MUSEGROS, *mossae-cro*, marais de l'étang ou du marais.

MUSY, *mossa*, étang ou marais.

MUNNEVILLE, *mene-villa*, village du mont.

MUNEVILLE-LE-BINGARD, *binnarius*, l'élevé, ou de la hauteur, — l'affixe *le-Bingard*, vient du mont de ce nom, situé à l'entrée de la lande de Lessay.

5

N

NACQUEVILLE, *nacarum-villa*, village des bateaux ; il y avait jadis un havre ou abordaient d'assez fortes barques.

NAGEL, *nay-el*, marais de la rivière.

NANTEUIL, *nant-ell*, vallée de l'eau.

NAUPHLES, *noe-auv*, prairies du marais.

NASSANDRES (sur la Risle), *nassae*, bateaux, *nassandri*, conducteurs de bateaux, indique probablement un établissement de Normands en ce lieu.

NEAUFFE } *noe-auv*, prairies du
NEAUFFLE } marais.

NÉAUPHLETTES, diminutif de Néauffle.

NÉCY, *nay-sée*, rivière du marais.

NÉGREVILLE, le livre noir de Coutances dit *Esnerg-villa*, nom inventé et d'où ne peut venir que bien difficilement Négreville ; cela paraît bien être *nay-rigi-villa*, village du marais de la rivière (la Douve).

NELLERIE (la), diminutif de *nay*, petit marais.

NERS, *neros*, petit cours d'eau.

NESLE, diminutif de *nay*, marais.

NESLE-HODENG, marais de Hodeng, *heod-dangen*, habitation du lieu sauvage.

NEUFBOSQ, bois du marais, *nov-bosc*.

NEUFBOURG, le plus souvent *nov-burg*, bourg ou village du marais.

NEUCHATEL, *nov-chatel*, château du marais.

NEUFMARCHÉ, *nov-marsch*, marais-marais.

NEUILLY, *noe-ell*, marais de la rivière.

NEUILLY-LE-SEC, marais desséché.

NEUD (le), rivière, *nov*, rivière du marais.

NEUVILLETTE, *noë villeta*, village du marais.

NEUVY, *noe vicus*, village du marais.

NOARD, *noe-ar*, marais de la rivière.

NOCÉ, *noe-sée*, marais de la rivière.

NOLLEVAL, marais de la vallée.

NOÉ (le), le marais.

NOGENT, le radical est *noe*, marais.

NOYON, *noo-on*, marais de la rivière.

NOYON LESEC, marais desséché.

NONANT, *noe-nant*, marais de la vallée.

NOLLENT (le), suffixe de plusieurs paroisses, le marécageux.

NOENTOT } *noen-tot*, habitation
NOINTOT } du marais.

NONANTCOURT, *noë-nant-curia*, domaine du marais de la vallée.

NORMANDEL, *normand-el*, rivière normande.

Norolles, diminutif de *noe*, ou bien *noe-rigoli*, ruisseaux ou rivières du marais.

Normanville, village normand.

Norrey, Norrerie (la) } habitations de norrais ou normands.

Norron, Norrots } habitations de norrais ou normands.

Notière (la), Norettière (la) } *noe*, marais, petits marais.

Nullemont, *nol-mont*, marais du mont, ou mont sur le marais.

O

Occagnes, *occan-ia*, terre qui doit être émottée.

Ochieville, *ocharum villa*, village des oies, c'est-à-dire où l'on élevait des oies et autres volailles.

Offranville, *auv-ranarum-villa*, village des prairies des grenouilles, marais.

Oherville, *ocharum villa*, villages des *oës*, *oues*, oies, comme Ochieville.

Oise (l'), rivière, jadis *Isara*. Son nom français ne vient pas d'*Isara*, mais de rivière petite ou grande, *ou-eyse*; *isara*, *y-sara* rivière-rivière, ou réunion d'eaux, signifie la même chose que *Oise*.

Oissel, *ossel*, *ussel*, passage, quelquefois rivière.

Ollande, *holl-land*, terre de la vallée.

Ollandon, *holl-land-on*, terre sur l'eau de la vallée.

Omméel (l'), *holm-el*, holme de la rivière.

Ommoi, *holmi-masium*, maison du holme.

Omonville-la-rogue, *Osmondi-villa-la-haug*, la hauteur.

Ondefontaine, probablement *inde*-fontaine, noire fontaine.

Orbec, *or-bec*, rivière-ruisseau, peut-être entre deux cours d'eau.

Orbigny, *or-binnae*, rivière du coteau ou de la pêcherie, *binna* a les deux sens; ou bien coteau ou pêcherie de la rivière.

Orcher (l'), *orciarius* ou *orciarium*, potier ou poterie.

Origny, *orineium*, terre sur la rivière.

Orgères, *or-jarria*, lande sur la rivière, ou *or-gér*, rivière-rivière, peut-être entre deux rivières.

Orlon, petite rivière, ou bien *or-ly-on*, entre deux cours d'eau.

Orvaux, *or-vaux*, vaux de la rivière ou des rivières.

Orvilly, *or-vallicella*, petite vallée de la rivière, ou plutôt *or-well*, marais de la rivière.

Osmanville, *ost-man-villa*, village de saxons.

OCTEVILLE, *ot* ou *ost-villa*, village de saxons.

OUBEAUX (les), *alwelli*, arbres blancs.

OUDAL, *ou-dal*, vallée de la rivière.

OUEZY, *hous-ey*, habitation sur l'eau.

OUFFIÈRES, *ouve-fière*, passage de la rivière.

OUILLY, *ou-ill*, rivière-rivière, peut-être entre deux cours d'eau.

P

PACY, *paxatum*, enclos.

PAISSARDIÈRE (la), *pascere*, le pâturage.

PALUEL, *paludellum*, petit marais.

PALLOTIÈRE (la), village des petits marais.

PARFONDEVAL, vallée profonde.

PARFOURU, profond ruisseau.

PARVILLE, *parci-villa*, village du parc ou de l'enclos.

PAS DE LA VENTE, passage de la vente ou terre vendue et défrichée.

PAVILLY
PAVILLON *pabulum*, pâturage.
PAVIOT

PEINIÈRE (la), *penna*, village sur un coteau.

PELVÉ, *pelagi vadum*, gué de la rivière.

PENNEDEVIE, *penna*, ou colline sur la *vie* (rivière).

PENTALLE, *pennae tall*, vallée de la colline.

PERCHE (le), pays de Normandie, s'appelait autrefois *saltus perticensis*; les bois y dominaient, ce qui donne lieu de croire que l'étymologie peut bien être *perticae*, perches. Cependant cela n'est pas sûr, car *saltus* signifie aussi pâturages, pays, contrée.

PERCY, *berg-sée*, bourg ou hauteur sur la rivière.

PERQUES (les), *parcae*, les enclos ou *perticae*, perches, longues gaules ; ce lieu était jadis un bois.

PERIERS (les) { carrières, ou chemins empierrés.
PERIERS

PEROU, lieu pierreux.

PERTHE (le), *perth*, passage, le passage.

PERVENCHÈRES, *berg-vennaticarii*, bourg où l'on payait l'impôt pour droit de pêche, *vennaticum*.

PERTHOU, *perth-hulmi*, passage du holme.

PETITVIC (le), petite baie ; à l'intérieur des terres, petit village.

PETITVILLE, peut être petit village, plus probablement village des pastis ou pâturages.

PEULY, *pool*, marais.

PEURRIÈRES, perrières ou carrières.

PICAUVILLE, *bygoth-villa*, village des Bigots ou Normands, ainsi appelés à cause de leur jurement ordinaire, *by-goth.*

Piencourt, *podium in-curia,* coteau dans le domaine.

Pierres, lieu pierreux.

Pierrepont, *petrae,* ou plutôt *Petri-pons,* pont de Pierre, n. pr.

Pierreville, *petrae* ou plutôt *Petri-villa,* village de Pierre, n. pr.

Pierrelée } pierres debout,
Pierrefique } menhirs.

Pierrefolle, pierre branlante.
Pierre courcoulée, pierres en cercle.

Pierrecourt, *Petri* ou *petrae-curia,* domaine de Pierre ou de la pierre.

Pieux (les), *podia,* les coteaux.

Pique-Louvette, *puig-l'-ouvette,* coteau de la petite rivière.

Piron, *pirrae-holmus,* holme pierreux.

Piseaux } *pucium,* coteau, lieux
Pissy } où il y a de petits coteaux.

Pitres, *petrae,* pierres, lieu pierreux.

Pitaunay, *podium-alneti,* coteau sur l'aulnaie.

Placy, *plexeium* ou *placitum,* habitation commune en bois entrelacés, ou habitation seigneuriale.

Pleinesœuvres, *planae-operarii,* serfs de la plaine.

Plainville, *planae-villa,* village de la plaine.

Planquais (le), *plancetum* ou *planceta,* l'habitation en planches.

Pointel, *poig-el,* mont sur l'eau, ou rivière du coteau.

Pontbrocard, *pontis-brocaria,* enclos du pont.

Pont-de-l'Arche, pont arqué.

Pontlabbé, *pons-abbatis,* pont de l'abbé.

Portbail, *portus-ballii,* port du coteau ou du lieu fortifié.

Port-Mort, *portus-morae,* port de la lande, ou bien port desséché.

Poses (sur la Seine), *pausae,* lieu où s'arrêtaient les barques.

Potigny, *bod-tun-y,* village du coteau sur l'eau.

Pouliots (les), *pool,* petits marais.

Poulnière, *pool,* marais.

Poussy, *pucium,* coteau.

Pou (le), *podium,* le coteau.

Pouhaye, *podii-haya,* bois du coteau.

Pous (les), *podia,* les coteaux.

Poubellière, *bobellum,* étable à bœufs, ferme.

Poulet (le)
Poulier (le)
Poulière (la) } *pool,* marais.
Pouilly

Pouprière, *podii-prestaria,* habitation du prêtre du coteau.

Pouvray, *podii-varrectum,* défrichement du coteau ou coteau du défrichement.

Poville, *bod* ou *podii-villa,* village du village ou du coteau.

Puchay, *pugium,* coteau.

Puiseaux, Puiseux } *pucia*, petits coteaux.

Putot, *pou-tot*, habitation du coteau.

Putanges, *podium-angiae*, coteau sur les prairies.

Pyle (la), *pila*, auberge.

Préaux, *pratella*, petits prés.

Précorbin, *pratum-corvini*, pré de Corbin ou Corvin.

Prépotin, *pré* ou *bré-bod*, village du pré ou de la colline.

Presles, *pratella*, petits prés.

Pressagny-l'Orgeuilleuse (sur la Seine), *prata-sequanae*, prairies de la Seine ; l'Orgeuilleuse est pour l'argileuse.

Prétreville, *presbyteri-villa*, village du prêtre.

Prétot, *pré* ou *bre-tot*, village du pré ou de la colline.

Proussy, *brutium*, bruyère.

Preuseville, *brutii-villa*, village de la bruyère.

Q

Quausonnière (la), *caus-on*, lande de la rivière.

Quaye, *kai*, passage.

Queillet, *cail*, petit bois ou *Squilletum*, jeu de quilles.

Quévreville, pour Chévreville, bicqueterie.

Querquesalle, *kerk-sala*, habitation de l'église.

Querville, *ker-villa*, village du village.

Quetteville, chef-de-ville, ou *gata-villae*, entrée du village ou village du passage.

Quette, *gata*, passage.

Quesnay, chesnaie.

Queudeville, *cos-villa*, village de la pierrre.

Queue (la), *cos*, pierre dure.

Quevillon, Quevilly } *cavum, cavillum-on* petite vallée sur l'eau.

Quiberville, *vadi-ber-villa*, village du village du gué.

Quibeville, *kaib-villa*, village du passage.

Quibou, *vadum*, ou *kaib-bosci*, ou *boosum*, gué ou passage du bois, ou passage boueux.

Quièvrecourt, *caprarum-curia*, bicqueterie.

Quièvreville, bicqueterie.

Quévrière (la), la bicqueterie.

Quilbeuf, *kill-bod*, village du monastère ou de l'église — peut-être *squillarum-bod*, village du jeu de quilles.

Quilly, peut-être *kill*, église, monastère, plus probablement *squillae*, jeu de quilles.

Quinéville, *kain* ou *kairn-villa*, village de la pierre sacrée. On voit encore une pierre druidique non loin de l'église.

Quintaine (la), *equitana*, chevauchée, lieu où l'on faisait des exercices à cheval.

R

RABELLIÈRE (la), *rascia, raba, rava*, marais.

RABEC \ noms propres, du ma-
RABEL / rais.

RABUT \ *rapeium*, terrain
RAPÉE (la) / monticuleux.

RABODANGES, *rapeium-angeri*, terre montueuse d'Anger ou de l'écuyer — ou bien *raus-podium-angeri*, coteau baigné de l'écuyer.

RADON, *ray-dun*, coteau de la rivière.

RADEPONT, *radi-pons*, pont du ruisseau.

RAINET, *ray-nay*, marais du ruisseau.

RAISINS (les) \ *rascineium*, petit
RACINET / marais.

RAFFETOT \ *rasciae* ou *ravac-tot*
RAFTOT / habitation du marais.

RAIDS, *reis*, rivière.

RAIMFREVILLE, village de Raginfred.

RAMBOSQ, *ran* ou *raptariorium bosc*, bois des voleurs.

RAIRIE (la), *riga, rigaria*, terre labourée.

RANES, *ranae*, grenouilles, marais.

RAUSMESNIL, *raus*, marais, mesnil du marais.

RANVILLE, *ranarum* ou *raptorum-villa*, village des raines (marais), ou des voleurs, sobriquet donné aux serfs.

RAMPAN, commune et village, *repens* ou *greipan*, terrain en pente.

RANDONNAY, *ran-dun-ay*, marais du coteau sur l'eau.

RAUVILLE, *raus* ou *roz-villa*, village du marais ou village du coteau baigné.

RAUVILLE-LA-BIGOT, la normande.

RAVENOVILLE, *rav-nœ-villa*, village du marais-marais.

RAVENEL \ n. p., *rav* ou *ragu-*
RAGUENEL / *nel*, du marais.

RAVILLON (le), rivière, *rascilla*, rivière des petits marais.

REALCAMP, *royal-champ*, ancienne propriété du roi.

REBAIS \ *rapeium*, terrain mon-
REBET / tant ou en pente.

RECULAY (le), *ri-hull-ay*, ruisseau de la vallée du ruisseau. ou vallée des deux ruisseaux.

REMILLY, *rumilleium*, terre féconde, en *rumex*, doche, ou patience.

REPENTIGNY, *repens-tun*, coteau rampant.

REMALARD, *regis-maël*, lieu où se rendait la justice du roi.

RENO (le), rivière, *ray-nœ*, rivière du marais.

RENONARD (le), *rigus-noard*, rivière du marais.

RESSONS, *rasciana*, marécages.

RESSENLIEU, *rascianus-lœus*, lieu marécageux.

REU (le), *rigus*, le ruisseau.

REUX, *rugae*, village.

REUVILLE, *rugae-villa*, village du village ou du ruisseau.

REUFEUGÈRES (*rugae* ou *rigi-fil-*
REUFEUGERAY (*geriae*, fougères du village ou du ruisseau.

REVIERS, *rey-ver*, rivière-rivière, entre deux rivières.

RETONVAL, *retondelli-vallis*, vallée du taillis.

RETHOVILLE, *ridi-holm-villa*, village du holme du ruisseau.

REVEILLON, *ri-well-on*, marais entre deux ruisseaux.

REVERCOURT, *ri-ver-curia*, domaine de la rivière ou entre deux cours d'eau.

RI, *rigus*, ruisseau, rivière.

RIBERPRÉ, *rigi-ber-pratum*, village du pré de la rivière.

RICHEMONT, *rigi* ou *ricae-mons*, mont du ruisseau ou de la terre cultivée, ou bien encore *ruga-montis*, village du mont.

RICHEBOURG (*ricae-burgus* ou
RICHEVILLE (*ricae-villa*, village de la terre labourée.

RIDEAUVILLE, *ridi-aquae-villa*, village des eaux de la rivière.

RIEUX, *riguli*, petits ruisseaux.

RINÇONS, *runcones*, les ronces.

RISLE (la), rivière, *rigula*, petite rivière.

ROBEHOMME, *raub-holm*, holme des voleurs.

ROCHENONANT, *roch-noe-nant*, rocher du marais de la vallée.

ROMANS, *roz-mansus*, habitation du coteau baigné.

RONCHAIS (
RONCHY (*runco, runcalis*, ronces.
RONCERAY (

RONDEHAIE (la), *retondelli-haga*, bois ou habitation du taillis.

ROQUES, rochers.

ROQUENCOURT, *roch-in-curia*, rocher dans le domaine ou domaine du rocher.

ROSNAY, *roz-nay*, coteau baigné, sur le marais.

ROTOIRS (les) (*rotoria*, les rouis-
ROTOURS (les) (soirs, ou lieux où l'on mettait à rouir le lin et le chanvre.

ROUCAMP, *ruga-campi*, village des champs ; ou *rigi-campus*, champ du ruisseau ; ou *rigi-camb*, vallée du ruisseau.

ROUGE (la), *ruga*, le village.

ROUEN, *Roth-magus*, habitation ou temple de Roth, idole ; ou *rou-magus*, village de la rivière.

ROUMARE, grande rivière, ou *rigi-mariscus*, marais de la rivière.

ROUMOIS (le), pays de Rouen, *pagus-Rothomagensis*.

ROULE (le), *deruptum*, coteau abrupte.

RUMESNIL, mesnil de la rivière.

ROUTOT, *ru-tot*, habitation de la rivière ou du ruisseau.

ROUPERROUX, ruisseau pierreux.

ROUXEVILLE, *rauss-villa*, village du marais.

ROUVRES, *robur*, chênes.

ROUVRAY, n. pr., de la chênaie, ou du chêne.

ROYVILLE, *rugae-villa*, village

du village ou de la terre cultivée.

Rozel (le), *roz-ell*, coteau baigné sur la rivière.

Ruet (le) \
Ru (le) } le ruisseau.

Rubercy, *ru-berg-see*, bourg ou hauteur entre deux cours d'eau.

Rufflay, *refletum*, bois ou terre comprise dans les bois.

Rugles, *rugulae*, petits villages ou *ruguli*, petits ruisseaux.

Ruqueville, *rugae-villa*, village du village ou de la terre cultivée.

Rully \
Roullours } lieux où l'on payait un impôt au seigneur pour l'entretien des routes appelées *rotabiles*.

Russy, *russus*, ruisseau.

Ryes, *riguli*, ruisseaux.

S

Saanne (la), rivière, *saxona*, rivières des saxons.

Sac (le), *saxum*, le rocher.

St-Christophe-du-faoc, *fagi*, de la foutelaie, ou du hêtre.

St-Denis-le-Gast, *vastum*, le désert, le défriché ou le dévasté.

St-Denis-le-Vêtu, on dit généralement *vetus*, le vieux, mais cela pourrait bien être *vestitus*, le vêtu, par rapport au précédent, qu'on pourrait traduire par St-Denis-le-nu.

St-Jores, St-Georges.

St-Martin-Don, de *dun*, coteau, ou d'*on*, sur l'eau.

St-Martin-l'Hostier, *hostiarius*, le serf.

St-Martin-le-Gréard, *grée*, *graw*, gravier, terre pierreuse.

St-Martin-le-Hébert, jadis le Plessard, c'est-à-dire de la plesse, lande voisine de la forêt.

Sainte-Mère-Eglise, *Sanctae-Mariae-ecclesia*, église de Sainte-Marie.

Saint-Lo, *Lauto*, latinisé *Laudus*.

St-Louet, diminutif de Lo, *Laudulus*.

Sainte-Ergouelfe, Sainte-Gudule.

Sainteny, absurdement ortographié Saint-Eny; ce n'est pas le nom d'un saint; ce mot vient de *Santineium*, peut être habitation de *Sanctinus*.

Sainte-Croix-Grand-Tonne, grande colline.

Sahurs (sur la Seine), *see-urce*, rivière-rivière, ou bien eau de la rivière.

Saillac \
Sailly } pour Caillac, Cailly, de *cail*, bois.

Sallenelles, *sala-nell*, habitation ou château du marais, ou marais-salans.

Sandouville, *sand-our-villa*, village du sable sur la rivière.

Sanville, *sand-villa*, village du sable.

Samerville, *sand-mer-villa*, village du sable du marais.

Sancourt, domaine de la terre sableuse.

Sanvick, baie ou village du sable.

Saon, *saxones*, habitation de saxons.

Saonnet, diminutif de Saon.

Sassetot, *Saxonum-tot*, habitation de saxons.

Saulceuse, *salicetosum*, lieu planté de saules.

Sassy, *saxum* ou *salicetum*, rocher ou saussaie.

Saulieu, *salicosus-locus*, lieu planté de saules.

Sauqueville, *saliceti-villa*, village de la saussaie.

Saussemesnil, ou plutôt Sauxmesnil, *saltus-mesnillum*, mesnil du bois.

Sausseteuse-Mare, *salicetosus-mariscus*, marais où il y a des saules.

Saultgautier (commune), *saltus-walterii*, forêt du garde, ou habitation du garde-forêt, — ailleurs le sens est très différent.

Savigny, habitation de Sabinus.

Scie (la), rivière, *sée*, rivière.

Scissy, jadis *Sessiac*, *scie-scie*, rivière-rivière, ou entre les rivières.

Sermanne (la), *ker-mesnium*, habitation du village.

Sermentot, *ker-mesnii-tot*, habitation du village de l'habitation.

Sé, *sée*, rivière.

Sebecourt, *septa-curia*, domaine enclos.

Sebeville, *septa-villa*, village de l'enclos.

Secqueville, *sée-aquae-villa*, village des eaux de la rivière.

Séez, de *Sagi*, corruption de *Saxones*, saxons.

Séez-Mesnil, mesnil des saxons.

Secherouvre, chesnaye ou chêne sec.

Ségrie, contraction de Ségrairie, habitation d'un gruyer.

Selles   *seilla*, les sillons,
Selle (la)   terres labourées.

Semallé, *sée-mael*, lieu où se rendait la justice, ou seigneurie sur l'eau.

Senneville (sur la Seine), *sequanae-villa*, village de la Seine, — ailleurs, *sand-villa*, village de la terre sableuse.

Sentilly, *sentes*, buissons.

Septmeules, *sée-mollis*, mollière ou pierre molle sur la rivière.

Septforces, *sée-froge*, terre inculte sur la rivière.

Serceaux, *ker-sée* ou *ker-cos*, village sur la rivière ou village de la pierre dure.

Serrans, peut être *serra*, colline, peut être *ker-ranarum*, village des grenouilles ou du marais, peut être *sée-rauss*, marais de la rivière.

Serquainville, *Serquinii-villa*, village de Serquinius, n. pr.

Serquigny, habitation de Serquinius.

SERIGNY, SEVIGNY, *sewerae*, fossés pour diviser les propriétés dans les marais et faciliter l'écoulement des eaux.

SERVAVILLE, *servorum-villa*, village de serfs.

SERVIGNY, *ker-vennae*, village du coteau.

SERVILLE, *ker-villa*, village du village.

SEVAUX, *sée-vallis*, vallée de la rivière.

SESNE, n. pr., *saxo*, saxon.

SEVE (la), rivière, *sée-ève*, eau-eau, réunion d'eaux.

SEVIS, SESVIS, *sée-vicus*, village de la rivière.

SEULE (la), rivière, *sée-hulli*, rivière de la vallée.

SEVRAY, *sevre-ray*, rivière-rivière, probablement entre deux cours d'eau.

SIERVILLE, *sicariae-villa*, village de la fondrière, ou du marais.

SIEURNOUX, *sordae-noe*, marais de la rivière qui sort de sa source.

SIDEVILLE, *sidi-villa*, village du coteau.

SIGY, *siga*, fief dont le tenant devait à son seigneur le service militaire.

SILLY, *seilla*, sillons, terre labourée.

SIMERVILLE, village de Simer, n. pr. teuton.

SINOPE (la), diminutif de *sée*, rivière, petite rivière.

SIOUVILLE, *sée-our-villa*, village de la rivière.

SOCANNE, SOQUENCE, *sok, soxa*, suite, terres sur lesquelles le seigneur avait le droit de justice, — terres de roturiers.

SON (le), île principale du groupe de Chausey, *sund*, le détroit.

SOREL, *sorde-ell*, rivière qui sort de sa source.

SOIGNES, SOIGNOLES, *sonnium, essonium*, terre ou fief exempté du service militaire.

SOLIERS, *solaria*, domaines, fermes.

SOLROCK, roc des soles.

SOLEVICK, baie des soles.

SOMMAIRE (petit pays), de *summer*, habitation.

SOMMERVILLE, village de l'habitation.

SOMMERVIEU, *summer-well*, habitation du marais.

SOMMERY, *summer-ay*, habitation sur la rivière.

SORTOSVILLE, *sertorae-villa*, village de l'enclos.

SOUCHEZ, même sens que Socane, habitation de serfs.

SOULANGY, *sulinga*, charruée de terre, constituant un demi-fief de chevalier.

SOULEUVRE, rivière et hameau, *sée-hull-evre*, eau de la rivière de la vallée.

SOUSMONT, *sub-monte*, sous le mont.

SOURDEVAL, nom de communes et de villages, *sordae-vallis*, village de la Sorde, ou rivière sortant de sa source.

SNECKET, *sneck*, barque, rocher en forme de bateau.

SUBLES, *subulae*, alènes, atelier de cordonniers.

SULLY, *sée-hull*, vallée de la rivière.

SURÉ \
SURAY } *sord-ay*, rivière qui sort de sa source, ou simplement sur la rivière, sur le ruisseau.\
SURRAIN /

SURTAINVILLE, *sour* ou *sordethaniae-villa*, village du domaine de la petite rivière.

SURVIC, *sorde-vicus*, village de la petite rivière.

SURVILLE, *sorde-villa*, village de la petite rivière.

T

TAILLE (la), *thal*, la vallée.

TAILLEMONTIER, monastère ou église de la vallée.

TAILLEBOIS, bois de la vallée.

TAILLEVILLE, village de la vallée.

TANQUES, de *tanganare*, terre en litige.

TANCARVILLE, *tun-ker-villa*, village du village de la côte ou du domaine, *tania*.

TANVILLE, *taniae* ou *tun-villa*, village du domaine ou du coteau.

TASSILLY, *tassilla*, tas, lieu où l'on entasse la paille ou le foin.

TELLIÈRES, *deil*, partage, terre partagée.

TERDOUET, *tres ductus* ou *dogae*, trois douets ou trois douves.

TERRERIE (la), *terraria*, domaine.

TERTUT, *tres-tot*, trois habitations.

TESSY \
TESSEY } *thein-sée*, domaine sur la rivière.\
TESSEL /

TEURTHÉVILLE, *Torschtil-villa*, dit le livre noir de Coutances, rien ne le prouve ; on peut y voir simplement *tortariae-villa*, village de la boulangerie.

THAN \
THAON } *thania*, domaine seigneurial.

THEIL (la haie du) \
THEIL (le gros) } ordinairement *theil* signifie terre partagée, mais ici, évidemment, c'est le bois de tilleuls, le gros tilleul.

THEILLEMENT, *deil*, terre partagée.

THENNAY, *thania*, domaine.

THEVRAY, *Thuisticorum-bré* ou *varrectum*, mont ou défrichement des Teutons, *thuist* et *thod* indiquent des teutons.

THÉVILLE \
THIÉVILLE } *thœdisticorum-villa*, village de teutons.\
THIEDVILLE \
THIÉTVILLE /
THIOUVILLE /

THIEUVILLE \
THIEUVILLAIS (les) } signifient aussi habitation de teutons, ou viennent de *thieub*, et signifient habitations de voleurs.

THIBERVILLE, *thuist-ber-villa*, village du village teuton.

THIÉTREVILLE, *thuist-trajecti-villa*, village du passage des teutons.

TIERGEVILLE, *tugurii-villa*, village de l'habitation.

THIBOUVILLE, *thuit-bod-villa*, village-village-village teuton.

THIVERSEY, *thuit-berg-sée*, bourg du village teuton sur la rivière.

THOSNY, *tot-nay*, marais de l'habitation.

THORP (le) \
TORP (le) } *thorp*, village. \
THOURP (le)

THORPMESNIL, mesnil du village.

THUIT (le), *thuisticum*, habitation de teutons.

THUIT-ANGER (le) \
THUIT-SIGNOL (le) } *thuit* indique toujours une \
THUIT-SIMER (le) habitation de Teutons. Les noms propres ajoutés sont-ils teutons toujours ? il est difficile de le savoir.

THORIGNY \
THORINIÈRE (la) } *torinum*, diminutif de *tor*, petite colline.

THURY, *tor*, colline.

TIERCEVILLE, *tertiae-villa*, village de la tierce ou terre donnée par quelqu'un à sa future au jour de ses fiançailles, ou simplement *tugurii-villa*, village de l'habitation.

THULÉ, ce mot paraît indiquer une pierre tombale.

TINCHEBRAY, *thein-chep-brày*, domaine chef des monts, ou chef du domaine des monts.

TICHERVILLE, *tucarii-villa*, village de l'habitation.

TILLEUL (le) \
TILLÈRES } *deil*, terre partagée. \
TILLY

TOMBETTES, tombeaux, *tumulus*.

TONENCOURT, *thein-on-curia*, domaine du domaine sur l'eau, ou *tun-in-curia*, coteau dans le domaine.

TOCQUEVILLE, *tuscae-villa*, village de la touche.

TORTISAMBERT, *torp-Isambard*, village d'Isambard.

TONNEVILLE, *tun-villa*, village de la colline.

TORCY, *tor-sée*, colline de la rivière.

TORQUET (le), diminutif de *tor*, petite colline.

TORTEVAL, *torta-vallis*, vallée contournée.

TOUFFREY, *tuphae-frisk*. Défrichement du lieu tuffeux ou pierreux.

TOUFFREVILLE, village du défrichement du lieu tuffeux.

TOSTES \
TOTES } *tot*, habitation.

TOURAILLES, *toralli*, coteaux.

TOURGEVILLE, *Torgis-villa*, village de Turgis, n. p.

TOURNEBUT, *thorn-busc*, bois d'épines.

TOUR, *tor* ou *thorp*, colline ou village.

TOURNEDOS, pour *tourne-bosq*, bois d'épines.

TOURNEVILLE, *thorn-villa*, village des épines ou *tor-nay-villa*, village du coteau sur le marais.

TOURLAVILLE, *toralli-villa*, village de la colline. Quand Torlac, comme on le dit, serait le père de Turulfe, s'ensuit-il qu'il ait donné son nom à Tourlaville ?

TOURNEUR (le), TOURNIÈBES *tornearium*, lieu où l'on s'exerçait aux armes, lieu de jeu.

TOURNAY, peut-être *tornearium*, TOURNY, mais plus probablement *tor-nay*, coteau sur le marais.

TOURVILLERIE (la), *tor-villaria*, village du coteau.

TOUQUE (la), rivière, tire son nom des bois qu'elle traverse, ou bien où elle prend sa source, *tosca*.

TOUQUETTES, *tuschela*, petites touches, ou petits bois.

TOUROUVRES, *tor-ouve*, coteau sur la rivière.

TRACY, *trajectum* ou *treyssée*, gué de la rivière, ou simplement lieu de passage, *trajectum*.

TRANSIÈRES, *transitorium*, lieu où l'on payait un droit de passage.

TRÉAUVILLE, *treis-auv-villa*, village du gué des prés.

TRAPPE (la), vallée située dans la forêt du Perche (*saltus perticensis*), vient peut-être de *trabs*, bois de haute futaie.

TRÉMAUVILLE, *tramae-aw-villa*, village du chemin des prairies.

TREFFORÊT, trois forêts ou gué de la forêt, ou simplement passage de la forêt, *trajectum*.

TREPORT (le), *trajecti-portus*, port du gué.

TREPEREL, *tres-petrariae*, trois carrières, ou *tres-bell*, trois villages.

TRÉSOR (le), *treis-or*, gué de la rivière.

TREVIÈRES, *treiss-ver*, gué de la rivière.

TREVART, *treiss-varrectum*, défrichement du gué ou gué du défrichement.

TRIANEL, *tria-nell*, trois marais.

TRIBEHOU, *turbae-holmus*, holme de la tourbe.

TRIBOUDIÈRE (la), *tria-bod*, trois habitations.

TRIQUEVILLE, *trajecti-villa*, village du passage.

TRIQUERVILLE, *treis-ker-villa*, village du village du passage.

TRINITÉ-MAILLE (la), la Trinité du lieu où l'on rendait la justice, *maël*.

TRONGY, TRONG (le), TRONQUET (le) *truncus*, tronc, souche. Ces mots signifient des bois dont les arbres ont été coupés et dont il ne reste que leurs souches.

TROMPERIE (la), habitation de trompeurs, sobriquet donné aux serfs.

TROARN, *troar*, vallée.

TROUVILLE, *troar-villa*, village de la vallée.

TROUVILLE-LA-HOULLE, village de la vallée-la vallée.

TRUN, vallée.

TUBEUF, *thuit-bœd*, village de l'habitation des teutons.

TURQUEVILLE, village de Turcs, sobriquet donné par les seigneurs aux serfs.

TURRETOT, *tor-tot*, habitation de la colline.

TUXET, diminutif de *tun*, petit coteau.

U

UNELLES, *ou-nel*, habitants des marais des rivières.

URE (l') } rivière, d'*ure*, ri-
URON (l') } vière.

URON-ET-CRENNE, rivière et marais.

URVILLE, *ur-villa*, village de la rivière.

USSY, *hous-sée*, habitation sur la rivière.

V

VAGES (les), *vagae*, terres vagues.

VACOGNES, *vasca-ogne*, défrichement sur l'eau.

VADEVILLE, *vadi-villa*, village du gué.

VALCONGRAIN, *vallis-comb-grun*, vallée du marais de la vallée.

VALCANVILLE, *val-camb-villa*, village du val de la vallée.

VALDUGORD, val du gord ou de la rivière.

VAL-CORBON, *val-cro-bonn*, val du marais de la fontaine.

VAL DE SCIE, val de la scie ou rivière.

VALMESNIL, mesnil du val.

VALMONT (ancienne abbaye), *vallis-montis*, vallée du mont.

VALENNIÈRE (la) } *vallare*, dan-
VALENNERIE (la) } ser, lieu de danse.

VALLETOT, *vallis-tot*, habitation de la vallée.

VALSEMÉ, *vallis-sedimenti*, val de l'habitation.

VANDELÉE (la), rivière } dimi-
VANDELLE (la), rivière } nutifs
VANLOUE (la), rivière } de
VANLOUETTE (la), rivière } *vand*,
rivière, petites rivière.

VANDOEUVRES, *vand-operarii*, serfs de la rivière.

VANNECROC, *venna-croc*, pêcherie du marais ou marais de la pêcherie.

VARAT, *varus*, lieu de chasse.

VARANGEVILLE, *varingorum-villa*, village des expulsés ou vagabonds; ainsi furent appelés 1° les habitants du pays chassés par les vainqueurs, qui se retiraient où ils pouvaient et vivaient de pillage ; 2° les étrangers qui s'emparaient d'une portion du pays et y vivaient aux dépens de leurs voisins; ce qui peut s'appliquer aux premiers Normands.

VARANGERIE (la), habitation d'expulsés ou d'étrangers.

VARANGUEBEC, rivière des expulsés, ou des étrangers, probablement des Normands.

VARINGUERVILLE, même sens que Varangeville.

VARGEMONT, *vargorum-mons*, même sens que Varangeville.

VARAVILLE, *vari-villa*, village du lieu de chasse.

VARIMPRÉ, *varini-pratum*, pré du garde.

VABREVILLE, *watri-villa*, village sur l'eau.

VARNEVILLE, village du garde.

VARROUVILLE, *watri-our-villa*, village de l'eau de la mare ou de la mer.

VASSY, *val-sée*, vallée de la rivière.

VARVANNES, *watri-vennae*, pêcheries de la rivière.

VASCOEUIL, *gasca-ell*, défrichement sur la rivière.

VASSONVILLE, *washum-villa*, village du lieu inondé par la mer.

VASOUY, *washum*, lieu inondé par la mer.

VAST (le), défrichement.

VATHIERVILLE, *watri-villa*, village de l'eau.

VATEMESNIL, mesnil du défrichement.

VATTEVILLE, village du défrichement ou du passage, *gata*.

VATTOT, habitation du défrichement ou du passage.

VAUDRIMARE, *vallis-rigi-mariscus*, marais du ruisseau de la vallée.

VAUDRY, *vallis-rigi*, vallée de la rivière.

VAUDREVILLE, *vallis-rigi-villa*, village du ruisseau ou rivière de la vallée.

VAUDREUIL, *vallis-riguli*, val de la petite rivière.

VAUDRIMESNIL, *vallis-rigi-mesnillum*, mesnil de la rivière de la vallée.

VEAUVILLE-LES-QUELLES, *vallis-villa-aguellae*, village de la vallée-les petites eaux.

VAUHERM, *vallis-eremi*, val de l'ermitage.

VAUNOISE, *vallis-nusiae*, val du marais.

VAUSSIEUX, *vallicella*, petits vaux.

VAUX (les), *valles*, les vallées.

VAUVAYE, *vallis-viae*, vallée du chemin.

VAUMOUSSE, *vallis-mossa*, étang ou marais de la vallée.

VAUVRAY, *vallis-varrecti*, vallée du défrichement.

VEILLÈRE (la), *well*, marais.

VELIOCASSES (anciens peuples), *wel-cass*, chasseurs des marais.

VENDES, *vand*, rivière.

VENESVILLE, *venationis* ou *vennariae-villa*, village de la chasse ou de la pêcherie.

VENESTANVILLE, *vennae-stagni-villa*, village de la pêcherie de l'étang ou de l'étang de la pêcherie.

VENTE (la), les ventes, *vendae*, sont des portions de bois ou de forêts aliénées à certaines conditions et défrichées.

VENTROUSE (la), *vand-rauss*, marais de la rivière.

VERBOSQ, bois de la rivière, bois des vergnes.

VERTCLIVE, *ver-clift*, rocher en pente sur l'eau.

VERGNEY, bois de vergnes.

VERNAY, *ver-nay*, marais de la rivière.

VERNON, *verg-on*, aulnes de la rivière.

VERNEUIL, *ver-neuil*, marais de la rivière.

VERNEUSE, lieu qui produit des aulnes ou vergnes.

VERMANDIÈRE, *ver-mondaria*, côteau sur la rivière.

VERDIGNY *veridigaria*, prairies, VERIGNY herbages; Verdigny VERRIÈRES peut venir de *ver-dun*, coteau sur l'eau.

VERSON, *ver-s-on*, eau de la rivière.

VERSAINVILLE, *bersae-villa*, village du lieu de chasse.

VESPIÈRE (la), *vespae*, guêpes, sobriquet donné aux serfs.

VEULES, *wel*, marais.

VEULETTES, petits marais.

VEZINS, *vicoen*, village.

VEZILLON, petit village ou petit gué.

VEZINET, petit village ou petit gué.

VIBEUF, *vici-bod*, village du village.

VIBRAYE, *vadum-bré*, mont du gué, ou *vadum-braiosum*, gué boueux.

VIC (le), sur les côtes signifie petite baie, à l'intérieur des terres vient de *vicus* et signifie village.

VICQUES, villages.

VIQUET (le), petite baie ou petit village.

VICEL (le), jadis Vissaire, *vicus-Sarae*, village de la Saire, ou rivière, *vicus-el*, a le même sens.

VICTOT *vici-tot*, habitation du VITTOT village.

WITOTEL, *vici-tot-el*, rivière ou ruisseau de l'habitation du village.

VIDEFLEUR, *vicus-de-flacteria*, village du lieu marécageux.

VIDAY, *vicus-d-ay*, village sur l'eau ou *vadum-ay*, gué de la rivière.

VIDECOSVILLE, *vis-de-coq-ville*, village de videcoqs, sobriquet donné aux serfs par les seigneurs (visages de coqs).

VIEILLE (pont à la), *well*, pont au marais.

VIEUX-ROUEN, peut venir de *well-rou-on*, marais des rivières.

VIEUX, *well*, marais.

VIEUX-VILLEZ, *well-villelum*, village des marais.

VIEUX-FUMÉ, *wel-fimus*, boue du marais.

VIESSOIX, *wel-sodes*, *sou* ou porcherie du marais.

VIGNATS (les), de *vennae*, qui peut signifier pêcheries, lieux tourbeux, et collines, car il peut être pour *penna* ou *pinna*; le b et le p se remplacent facilement.

VILAINVILLE, village de vilains.

VILANDIÈRE (la), *vici-landaria*, lande du village ou village de la lande.

VILLERETS, *villariae*, domaines, villages.

VILLERVILLE, *villaris-villa*, village du domaine.

VILLEBAUDON, *villa-bodonum*, village des villages.

VILLEGAST, village du défrichement.

VILLETTES, *villetae*, villages.

VILLONS { *vell-on* } marais de la
VILLY { *vell-ey* } rivière ou de l'eau.

VIENNE (la), rivière, *vend-bonn*, rivière de la source.

VIENNE, n. pr., *vend-bonn*, source d'eau.

VIERVILLE { *ver-villa*, village sur
VIRVILLE { l'eau.

VILLEQUIER, de *villicus*, *villicarius*, habitation d'un régisseur.

VIMER, *vicus-marisci*, village du marais.

VIMOUTIERS, *vadi-monasteria*, monastères ou églises du gué.

VIDOUVILLE, *vadi-our-villa*, village du gué de la rivière.

VIMMERVILLE, *vennae-marisci-villa*, village de la côte ou de la pêcherie du marais, ou *vici-marisci-villa*, village du village du marais.

VINDEFONTAINE, *indefontaine*, ou noire fontaine.

VINGTHANAPS, *vennae-cannabina*, chenevière de la côte.

VIRE, ville, tire son nom de la rivière.

VERENCE (la), rivière, *ver*, rivière.

VIRANDEVILLE, *virennae-villa*, village de la petite rivière.

VITRAY, *vadum-treis*, gué du passage, ou *vicus-trajecti*, village du gué.

VITTEFLEUR, *white-fiord*, fiord-blanc ou plutôt blanc marais (*flacteria*); Vittefleur est à l'intérieur des terres.

VORREY { *gor-ay*, eaux de la ri-
VORY { vière, ou entre deux ruisseaux.

VRAIVILLE, *varrecti-villa*, village du lieu défriché.

VRASVILLE, *watri-villa*, village sur l'eau (sur la mer).

VRETOT (le), le livre noir de Coutances donne Anvritot, en ce cas ce serait *Alveredi-tot*, habitation d'Auvray; mais le livre noir n'est pas un guide sûr; le Vretot peut venir de *bre-tot* ou de *ver-tot*, habitation du coteau, ou sur la rivière; l'un et l'autre étymologie lui peut convenir.

VULCASSINI, *wel-cass*, chasseurs des marais.

VRIGNY, comme Verigny, *viridigarium*, herbage.

W

WANCHY-CAPVAL, *vennaticum*, lieu où l'on percevait un impôt sur les pêcheurs. — Capval, *caput-vallis*, entrée ou chef de la vallée.

Y

YENVILLE) *yvr-villa*, village de
YERVILLE) la rivière.

YERCRIQUE, *yvr-crag*, pierre sableuse sur l'eau.

YÈRE (l'), rivière, *ivv-er*, eau de la rivière.

YMOUVILLE, *y-med-awv-villa*, village au milieu des prairies sur l'eau.

* YVETEAUX, petites eaux.

YVETOT-EN-CAUX, *Yve-tot*, habitation d'Yve, n. p.; car la ville d'Yvetot est en terre sans eau.

YVILLE, *y-villa*, village sur l'eau.

YÉBLÉRON, vient peut-être d'*ebulus*, yèble, plante qui croit très abondamment en certains lieux.

YPORT, *y-portus*, port de l'eau.

Imprimerie Avranchinaise de Jules Durand, rue Quatre-Œufs, 24, Avranches

www.ingramcontent.com/pod-product-compliance
Lightning Source LLC
LaVergne TN
LVHW022124080426
835511LV00007B/1016